役所は教えてくれない
定年前後
「お金」の裏ワザ

荻原博子

SB新書
466

はじめに

これからは人生〝二毛作〟
「裏作」ならぬ「裏策」を！

定年後、あなたはどんな生活をしたいですか？

医学の発達で、人生は１００年時代となりました。

今から約50年前の１９６８年、１００歳を超える人はわずか**３２７**人でした。しかし**１９９８年には１万人**を突破、**２０１８年９月時点では約７万人**と、１００歳以上は急速に増えています。このままいけば、みなさんが１００歳になる頃には、周りを見回すと、十分に働ける元気な１００歳の人だらけという時代が来るかもしれません。

なぜならその頃には、ＩＰＳ細胞の研究などが飛躍的に進み、悪くなった臓器は自分の細胞でつくった新たな臓器に取り替え可能になっているかもしれないからです。

そうなると、老後はますます長くなることでしょう。

しかも、健康で長生きできるわけですから、定年後も引き続きお金については考えなくてはなりません。


同じ土地を耕して、1年のうち2回作物を収穫することを〝**二毛作**〟と言います。秋にコメを収穫したら、次は冬に向けて麦を撒いて収穫する。こうして二度の収穫ができると、農家は経済的にも潤います。

〝二毛作〟では、最初の収穫を「**表作**」、2回目を「**裏作**」と言いますが、この「裏作」では、栽培した作物の一部が有機堆肥として土地に残るために、「**地力**」が向上するメリットがあると言われています。

本書ではこれになぞらえ、**定年後の2度目の人生に役立つ、お金の「裏作」ならぬ「裏策」の知恵をお伝えし、「地力」ならぬ「知力」の向上も目指したい**と思います。

定年後に、のんびり休もうというのもいいですが、のんびりした生活ばかりが長く続くと、退屈してくる方もいることでしょう。そんな方は、再び働くことも視野に入れれば、経済的に生活が安定するだけでなく、働くことで社会や人とつながり、生き甲斐を得ることができるかもしれません。ぜひ、この〝二毛作〟の時期を楽しみながら、**「知力」を磨き、お金に不自由しない「かしこい生活」を手にしていただきたい**と思います。

本書では、みなさんのこれからの定年後の生活に役立ちそうな、**「知っていれば、ちょっとおトク」で、簡単にできそうなお金の裏ワザ**を集めました。また、これと同時に、おトクなだけでなく、定年退職者が**警戒しなくてはいけない投資や保険加入のワザ**などについても、できる限り丁寧に書きました。

本書が、みなさんの生活の一助となり、少しでも豊かな生活を送れるようになることを心より願っています。

２０１９年１月

経済ジャーナリスト　荻原博子

役所は教えてくれない
定年前後
「お金」の裏ワザ

目次

第1章 定年前後「働き方」の裏ワザ

第2章 定年前後「銀行」の裏ワザ

第3章 定年前後「住宅」の裏ワザ

第4章 定年前後「保険・年金」の裏ワザ

第5章 定年前後「生活」の裏ワザ

第1章

定年前後「働き方」の裏ワザ

「雇用延長」なんておやめなさい

少し前までは、60歳になると定年退職になる企業が多かったのですが、2013年に**高年齢者雇用安定法**が改正されると、60歳を過ぎても本人が希望すれば、65歳まで「**雇用延長**」されるようになりました。

しかも、60歳からもらう給料が、それまでの給料の4分の3以下に下がっていれば、雇用保険から、減った給料の最大15%が支払われることになった（**高年齢者雇用継続給付**）と聞けば、「65歳まで会社で働き続けて、65歳になったら仕事を辞めて年金生活に入ればいいや！」と考える人も少なくないと思います。けれど現実は、それほど甘くありません。雇用延長をするとたしかに給料はもらえます。でも「**役職定年**」もあり、額はかなり減少するからです。

役職定年で「退職金」も「公的年金」も下がる!?

大企業ではそのほぼ半数が、60歳を迎える前に「**役職定年制度**」を導入しています。役職定年とは、会社では働き続けるものの、それまでの役職から外れることです。ここで多くのサラリーマンは、大きな収入減に直面します。

役職定年での給料の減額幅は企業によって違います。たとえば50歳時点で部長職だと、月に15万円くらいの役職手当がついていたという人も少なくありません。でもこの手当がなくなると、それまでの給料が55万円だった人は、40万円になるということです。役職定年は50代であることが多いですが、50代といえば、子どもがまだ大学生という人もいるでしょう。多額の学費に役職定年が重なると、家計は悲惨なことになりかねません。

役職定年で給料が大幅に減ると、老後にもらうお金にも、大きな影響が出ます。なぜなら老後を支える要となるのは公的年金ですが、この公的年金は**平均標準報酬月額**といって、現役時代の平均賃金から算出されるからです。50歳になると「あなたはだいたいこれくらいの年金になりますよ」という見込み額が書かれた「ねんきん定期便」が届きます。でも

50歳以降の役職定年で大幅に給料が減ると、実際に年金をもらう頃には見込み額よりもだいぶ減ってしまうのです。さらには実は退職金も、現役時代の給料をもとに計算されるので、これも予想より低くなる可能性があります。

「雇用延長」で給料はさらに下がる

役職定年を経て定年を迎え、雇用延長をすると、多くは嘱託社員となり給料は一般的に、60歳でもらっていた額の5~7割、会社によっては約3割になるといわれています。先の例でいえば、60歳で月収40万円だった人が、20万円になるイメージです。

このケースで「高年齢者雇用継続給付」からもらえる給付金は3万円。つまり、雇用保険から給付金をもらったとしても、雇用延長によって給料は23万円になるわけです。

このようにサラリーマンは、「役職定年」で給料が下がり、「雇用延長」でさらに下がり、これに伴い退職金も年金も減るという、負のスパイラルに陥る可能性があるわけです。

「役職定年」や「雇用延長」は、収入だけでなく精神的にも大きなダメージを与えます。

役職定年を迎えると、それまであった肩書きがなくなり、自分よりひとまわりもふたまわりも若いかつての部下の下で働くケースも出てきます。そうなると人によっては「**キャリアショック**」でうつになってしまうこともあるようです。

けれど会社としては、高い給料の高齢者はなるべく減らしたい。この世代は数も多いので、社内ポストを独占していて、会社の新陳代謝を遅らせていると考える経営者もいます。この流れはなかなか止まりません！

役員になれないなら転職を視野に入れる

ですからこんな思いをする前に、第二の人生に踏み出すのも1つの手です。特に大手企業の場合、40代になると将来的な会社での自分のポジションが見えてきます。**このとき役員などで残れる見込みがないなら転職も視野に入れておくべきでしょう。**

企業もこうした人を対象に「**早期希望退職制度**」や「**選択定年制度**」を導入するところが増えています。

「早期希望退職制度」は、企業が積極的に退職者を募集するので、通常の退職金にかなりの金額が上乗せされる可能性があります。また、会社の都合で退職させるので、失業保険などでは有利になるし、会社によっては再就職先を斡旋してくれることもあります。

「選択定年制度」は、自分で定年時期を選べるというもので、これもそれなりの退職金の上乗せがあります（ただし一定年数勤めていることが条件になることが多い）。

会社に忠誠を尽くしても、報われない時代。しかも、人生100年時代なのですから、年収を大きく減らしたくなければ、雇用延長ではなく**役職定年のタイミングで今の会社に見切りをつけ、早めに第二の人生に踏み出すのも選択の1つ**だということです。

「起業」という選択もある！

すでに定年退職してしまった人も、これから定年を迎える人も、いずれは独立して仕事をすることを考えたほうがいい時代です。

「起業」すれば、定年なくいつまでも働けますし、自分がやりたいことをやりたいようにできます。しかも会社員なら決まった給料しかもらえませんが、起業をすれば、収入は100%自分のものになります。

ただこう書くと、まったく逆のことを考える人もいます。**「失敗したらどうするんだ」「まったく稼げなかったらどうするんだ」「家族を路頭に迷わせるのではないか」「会社の肩書きで仕事をしていたのに、信用力がなくなるじゃないか」**と。

そこで、多くの人が考えるこの**「起業のデメリット」**について考えてみましょう。

「失敗したらどうするんだ」➡最初の一歩は小さく

失敗を恐れる人というのは、失敗の経験値が著しく低いか、今の生活に満足している人です。こうした人は、あえて冒険をする必要はありません。特にサラリーマンの場合、仕事では様々なリスクをとっていても、お金については毎月一定額の給料が振り込まれるのでノーリスクの生活を何十年もしています。その生活を捨てることに恐れを感じるのは当然です。

けれどこれからは、信じている会社だって、いつどうなるかわかりません。**失敗の経験値を上げておかないと、会社から捨てられた時に立ち直れません。**

でもそうはいっても、簡単に恐怖感は拭えません。そんな人はとりあえず、今、小さな一歩を踏み出しておくというのはどうでしょう。資格をとるのもいいですし（次項参照）、会社に内緒で、奥さん名義で副業してもいい。怖くない程度の小さな一歩から踏み出し、失敗の経験値を上げておくのです。

「まったく稼げなかったら……」➡稼げるかどうかを第三者に見てもらう

失敗の経験値が低い方が起業をすると、たしかに思いばかりが先走って、稼げない状況に陥る可能性があります。そうなる前に、起業で稼げるかどうか、客観的な第三者の意見を仰いでおくと安心です。

この時、**的確なアドバイスをしてくれる人がどこにいるのかわからないという人は、とりあえず事業計画書を持って金融機関にお金を借りに行くのがおすすめです。**

ただ、普通の銀行だと、あなたの事業計画書など鼻であしらわれる可能性が高いので、**日本政策金融公庫**に持って行くのがおすすめです。日本政策金融公庫には創業支援のメニューがありますし、起業のプロが創業支援相談もしています。

一方、おすすめしておいてなんですが、たぶん、あなたが事業計画書を持って行っても、99・9%お金は借りられません。でも大丈夫！　ここで大切なのは、お金を借りることではなく、あなたの事業計画のどこが悪くてお金を貸してもらえないのかを、プロから指摘してもらうことだからです。これがわかったら改善して、また持って行けばいいのです。

相手は金貸し。おいそれとはお金を貸してくれません。でもだからこそ何度も足を運ぶことで、確実にあなたの事業計画は磨かれ、成功への経験値も上がります。

「家族を路頭に迷わせるのではないか」➡奥さんを支援者にする

日本政策金融公庫が認めてくれるような事業計画書ができても、最後の難関が待っています。それは「家族の理解」です。特に、妻（あるいは夫、以下同）の理解が得られないと起業は難しい。

夫が会社を辞めて独立したいと言ったら、ほとんどの妻は反対するでしょう。ですから、まずは妻の立場に立って、なぜ反対するのかを考えてみることです。

きっと多くの妻の反対理由は、「夫の稼ぎが減るかもしれない」という経済的な不安にあります。そうであるならこの不安を減らすために、妻にも働きに出てもらって稼いでもらう提案をするのはどうですか？　妻自身に稼ぎがあれば、不安は少し和らぎます。

ただそのためには「食事もつくれない」「掃除や洗濯もできない」夫ではダメ。妻がのびのび働けるような環境をつくってあげなくてはいけません。

倒産原因ベスト10

第1位	経営者の高慢、経営能力の過信
第2位	社員教育の不備、欠如
第3位	事業目的・目標・計画性の欠如
第4位	業界情報の不足と環境変化への対応
第5位	新商品の欠如、技術開発の遅延
第6位	家庭不和、同族経営の弊害
第7位	公私混同、経営哲学の欠如
第8位	決断力・実行力の欠如
第9位	計数管理不足と勉強不足
第10位	ワンマン、反省心の不足

※「八起会」（倒産110番）野口誠一氏より

「面倒な」と思うかもしれませんが、**妻がのびのび働ける環境をつくるというのは、起業にも役に立ちます。**なぜなら、今の消費の主役は女性。その女性のニーズを理解できるようになっておかないと、これからの商売はうまくいかないからです。

以前、「八起会（やおき会）」という、倒産した会社の社長たちの会を取材したことがあります。その会でまとめた「倒産原因ベスト10」は、上の図のようなものでした。

この会は、野口誠一さん（故人）という、自身も会社を何度か倒産させた経験を持つ方が、自分の経験から、どうすれば会社を潰さなくて済むかを多くの方に教えるためにつくった会です。倒産原因の第6位を見ると「家庭不和」があります。野口さんは会社が儲かっていたのをいいことに、会社のお金を競輪や競馬、女性に入れあげ、奥さんをずいぶん泣かせたそうです。けれどいざ倒産したら、自分はショックでへたり込んで動けなくなってしまった。

すると、おとなしいと思っていた奥さんが旅館の仲居として働きに出て、自分を支えてくれたのだそうです。「**いざという時に必要なのは妻の支え。**今でも心から感謝している」とのことでした。

「会社の肩書きと信用力がなくなる」➡肩書きは自分でつけるもの

会社の肩書きや信用力など、定年退職すればなくなります。

役職定年によって、50代で肩書きがなくなる人もいます。

会社での肩書きなんて会社勤めをしている時だけのもので、必ずいつかなくなります。そんなものにいつまでも固執せず、今からコツコツ自分の名前で信用力をつけることです。

そもそも肩書きというのは、与えられるものではなく、自分でつけるもの。

私の「経済ジャーナリスト」という肩書きも、27歳で経済事務所から独立した時に、自分でつけました。私はこの肩書きを一生大切にしていきたいと思っています。

退職前に安く資格をとっておく

できれば定年退職後も働きたいけれど、自分にはこれといった技術もなく不安だ！　という方は、雇用保険に加入しているうちに「**教育訓練給付制度**」で、再就職に有利な資格を取得しておくのはどうでしょう。

これは、**厚生労働大臣指定の教育訓練講座を受講し修了したら、受講にかかった費用の20％（4000円以上、上限10万円、最長1年間）を戻してもらえる制度**です。これには「**簿記**」や「**税理士**」など実際に仕事で役立ちそうな資格がたくさんあります。

たとえばこの制度を利用して、経理の資格をとるために20万円かかったとします。この場合、受講後に領収書と教育訓練修了証明書を発行してもらってハローワークに給付申請すれば、4万円が戻ってきます。つまり、自己負担は16万円で済むわけです。

この制度は、通算3年間以上雇用保険に加入していれば使えます。しかもはじめて使う人だけは特別に、1年以上の加入で大丈夫。さらには1回使っても、3年経てばまた使うことができたり、会社を辞めても離職後1年以内なら再び利用することもできます（ただし資格（成果）が取得できないと、給付はありません）。

かかった費用の70％が戻るものもある！

少し多めにお金がかかるものの、専門的な技術を身につけたいという人には、「**専門実践教育訓練給付金**」という制度もあります。これはより専門的な知識を身につける中長期的なキャリアアップを目指す制度で、厚生労働大臣が指定する講座が対象になります。これは「**犬のトリミング**」「**鍼灸**」から「**テレビ、ラジオ番組の制作**」まで、かなり幅広い分野を網羅しています。ですから「実は、こんな仕事がしたかった」というような資格を取得しておくのもおすすめです。

２０１８年からは支給額、上限額がともにアップし、支給額は資格取得にかかった経費の40％から50％に上がっています。さらには資格を取得し、修了した翌年から1年以内に就職したら、最大70％が支給されます。上限額は56万円（受講期間が1年の場合）、１１

2万円（同2年）、168万円（同3年）となっています。これは雇用保険の加入期間が2年以上で対象となり、以前受講した場合は、3年以上間を空けての受講となります。

こうした制度の活用を念頭において、あらかじめ退職時期から逆算し、「自分への投資」のための予算を組んで役立つ勉強をしておけば、再就職が有利になるかもしれません。

「給料」と「年金」をゲットする裏ワザ

退職後も、なんらかの形で働いて収入を得たい場合、60歳を超えて働く人の中には、年金をもらいながら働くという人もいるでしょう。

年金と給料を同時にもらう時に注意しなくてはいけないのが、収入が多くなると年金の一部がカットされる可能性があるということです（**在職老齢年金**）。

65歳未満のおトクな働き方とは？

在職老齢年金とは、もらう給料と年金額の合計額が一定額を超えたら、年金が全部または一部カットされるという制度です。在職老齢年金は、65歳未満と65歳以上で違います。

60歳から64歳までは、給料と年金額が合計で月額28万円以下なら、カットはされず全額支給されます。けれど月額28万円を超えると減額されます。どのくらい減額されるかといえば、給料と年金額の合計から28万円を差し引いた額の2分の1が、年金支給額から減額されます。具体的に見てみましょう。

たとえば、60歳時点の給料が40万円だった人が60歳以降、給料30万円で働くとします。この時、もらえる年金額が10万円だったとしたら、給料と年金額を合わせた額は40万円になります。そうなると60歳時点でもらっていた給料と同じという気がします。でも実はこれだと年金がカットされてしまいます。

このケースでは、40万円から28万円を差し引いた12万円の半分、6万円がカットされるので、もらえるのはなんと給料30万円と年金額4万円（10万円－6万円）の合計34万円になってしまうのです。

年金をカットされない裏ワザがある！

実はこれが適用されるのは、厚生年金に加入しながら働く人になります。ですから厚生年金の被保険者である資格を喪失すれば、年金のカットはなくなり満額が支払われます。

60～64歳で年金の支給カットがある場合

条件		年金の支給停止額の計算式（月額）
年金月額＋総報酬月額相当額が28万円以下		全額支給（支給停止額＝0円）
年金月額＋総報酬月額相当額が28万円超	年金月額が28万円以下で総報酬月額相当額が46万円以下	（総報酬月額相当額＋年金月額－28万円）×1/2
	年金月額が28万円以下で総報酬月額相当額が46万円超	（46万円＋年金月額－28万円）×1/2＋（総報酬月額相当額－46万円）
	年金月額が28万円超で総報酬月額相当額が46万円以下	総報酬月額相当額×1/2
	年金月額が28万円超で総報酬月額相当額が46万円超	（46万円×1/2）＋（総報酬月額相当額－46万円）

※一般財団法人 年金住宅福祉協会（平成29年度・平成30年度）

厚生年金の被保険者としての資格を喪失するためには、働く時間を正社員の4分の3未満にして、社会保険に加入しない必要があります。そこでたとえば、仕事時間を4分の3未満にしてもらい、給料も正社員の給料が30万円だったら4分の3未満の22万円に下げてもらう。そうすれば、10万円の年金はカットされずに丸々もらえて、給料22万円＋年金10万円で、32万円になります。

この場合、60歳時点の給料40万円が22万円に下がっているので、先にご紹介した「高年齢者雇用継続給付」で約3万円が給付されます。すると合計で約35万円を手にできるので、年金をカットされるよりも1万円、手取りが増えます。

増える額は少しですが、働く時間が4分の3になっているので、その分ゆっくり働けますし、雇う側にとっても、社会保険料を半額負担しなくてもいいので、悪い話ではありません（ただし、先の表にもあるように、年金額が月額28万円超、収入が月額46万円超といったリッチなサラリーマンの場合は事情がまた変わりますので注意が必要です）。

65歳以上のおトクな働き方とは？

65歳以上の場合は、給料（ボーナスを含む）と年金（厚生年金部分）を合わせて月額46万円以下なら、年金はカットされずに全額もらえます（ただし公務員が定年退職後に働くと、月額28万円以上ある場合、通常通り年金のカットがあります。でも公務員が民間企業に勤めた時には、カットのボーダーラインは、46万円となります）。

現在は段階的にではありますが、希望すれば、企業に65歳まで勤めることができます。元気な方も多いので、政府の経済財政諮問会議の専門調査会では、人口減と超高齢化への対策として、70歳までを働く人と位置づけようという意見も出ています。ですからこの制度をしっかり理解して、かしこく働くことを考えてください。

ただし、定年退職後は、働くばかりでなく、人生を楽しむことも考えたほうがいいでしょう。

みなさんは「健康寿命」をご存じですか？　厚生労働省の調査によると、2017年の日本人の「平均寿命」は、男性が81・09歳、女性が87・26歳なのですが、この中には、寝たきりの人も含まれます。そこで健康に問題がなく、介護の必要もなく生活できる年齢としての「健康寿命」ができました。

「健康寿命」は、男性が72・14歳、女性が74・79歳（2016年）。つまりここまでは平均的に言えば元気で働けるということです。ですが、働くだけ働いて、後は介護される人生ではつまらない。「よく働き、よく遊ぶ」楽しい人生にするためにも、定年退職後は、仕事と遊びのバランスを、上手に調整したいですね。

辞めるなら64歳11ヶ月がトク！

いざ退職を決めたなら、老後資金は少しでも増やしておきたいものですよね。

そんな時、退職のコツがあります。

退職のタイミングを考える際、65歳まで目一杯働いたほうがいいかといえば、そうともいえません。なぜなら、65歳まで働いて会社を辞めると**失業手当**がもらえないからです。

失業手当は、65歳までに辞めたら、次の仕事につくまで90日分（雇用保険加入期間が10年未満の場合）～150日分（同、20年以上の場合）、一定額をもらえます。

でもこれが、65歳を超えると**高年齢求職者給付金**という名前になって、一時金として30日分（雇用保険加入期間が1年未満の場合）か50日分（同、1年以上の場合）しかもらえません。

この2つを比べると、**65歳の誕生日を迎える前に、失業手当をもらったほうがおトクです。**

でもだからといって63歳くらいに辞めて失業手当をもらってしまうと、その間の特別支給の**老齢厚生年金**がもらえなくなってしまいます。
特別支給の老齢厚生年金は、男性は昭和36年4月2日以降、女性は昭和41年4月2日以降生まれの人の場合、65歳からの支給になりますが、それ以前に生まれている人は65歳以前に受け取れるからです。

「老齢厚生年金」と「失業手当」を両方もらう裏ワザがある！

65歳以前に辞めたら、失業手当か老齢厚生年金かの選択をしなくてはならない。でも65歳以降に辞めたら失業手当が減るというのでは、どうすればいいのか困ります。

そんな時、裏ワザがあります！　65歳の誕生日まで1ヶ月を切るというところまで働いて、特別支給の老齢厚生年金をもらい、65歳になる月になったらハローワークで失業保険申請の手続きをするのです。

65歳になる2日前までが雇用保険法では64歳となっていますから、ここまでに辞めれば、両方ともしっかりもらうことができます。この方法であれば、いったん受け取った年金の返還請求をされることもありません。

ただし、会社によっては、65歳定年の直前に辞めたら、退職金を減額されてしまうケースもあるので、そこは前もってしっかり確認してくださいね。

老齢厚生年金の支給開始年齢

・老齢厚生年金は生年月日によって、男女別に受け取れる年齢が異なります。
・65歳以前に受け取る厚生年金には、「報酬比例部分」と「定額部分」があり、
　生年月日によって、以下のように変化します。

60歳から「報酬比例部分」が受けとれる世代

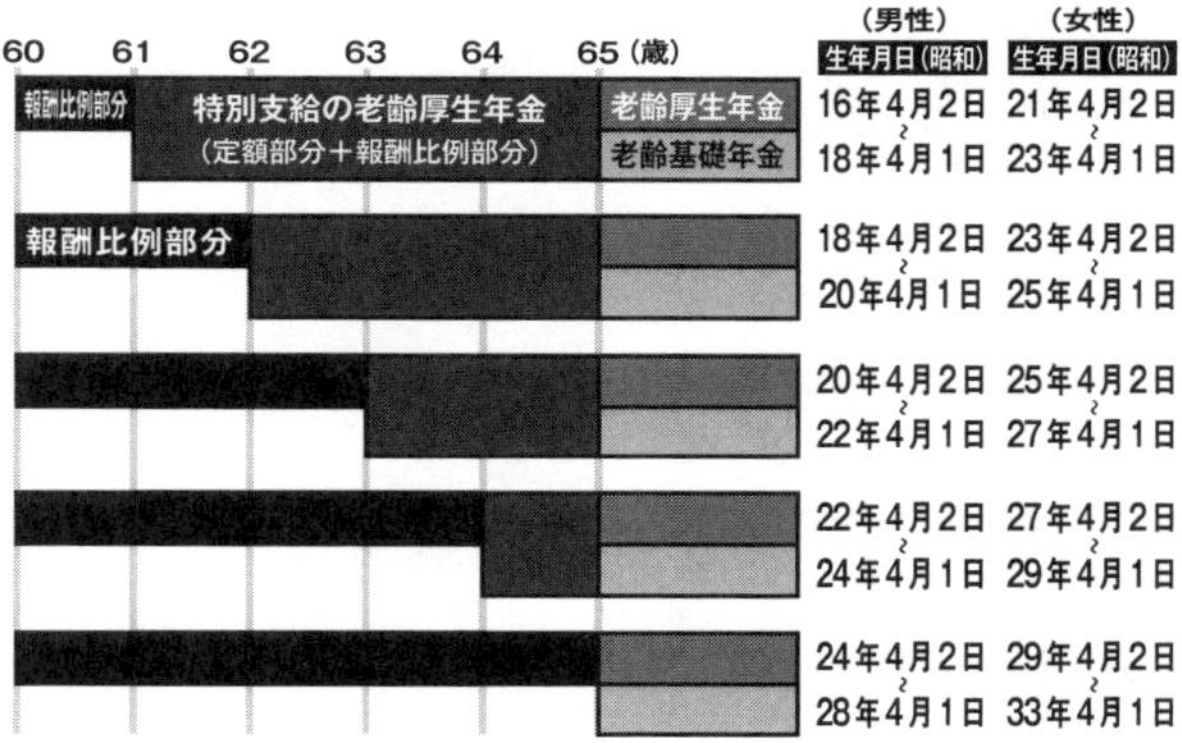

60歳時点では「何も受けとれない」世代

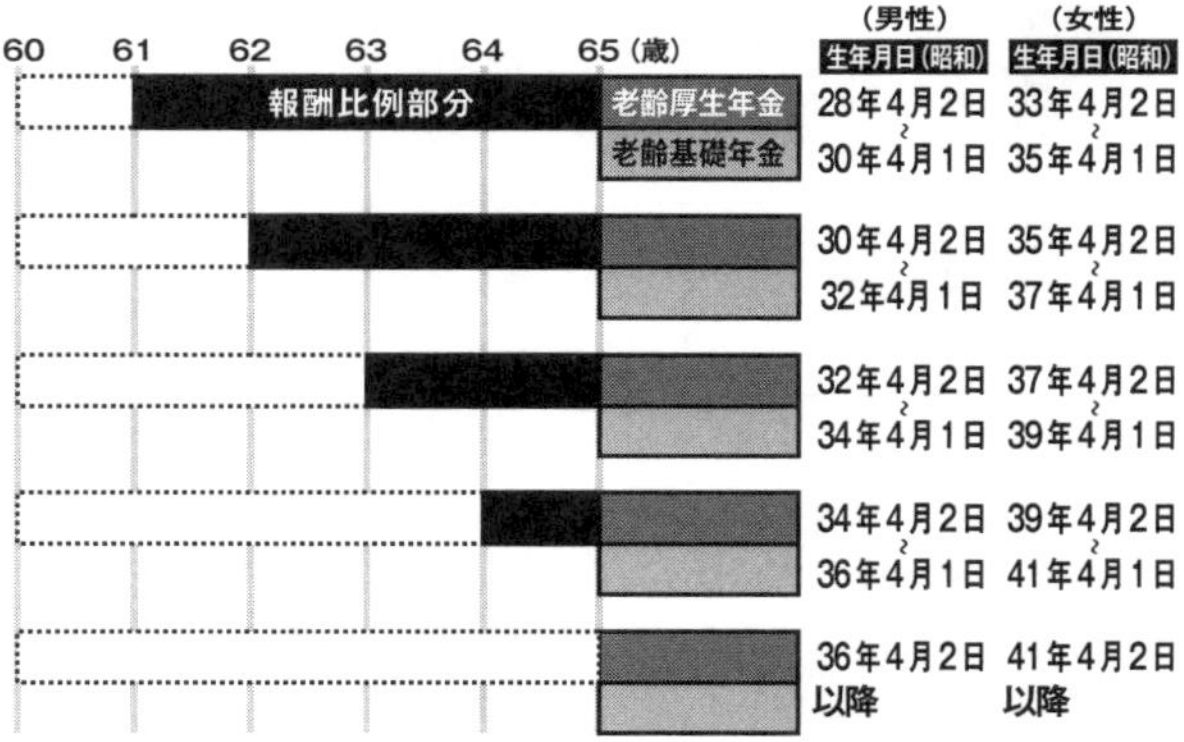

※公益財団法人　生命保険文化センター資料より

辞めるなら月末がトク！

先ほどは、「退職するなら、65歳の誕生日まで1ヶ月を切ったところで退職すると、失業手当も特別給付の老齢厚生年金ももらえるので有利」と書きました。では、誕生日まで1ヶ月を切ったところの〝どこで〟退職すればいいのでしょうか。

結論をいえば、**月末に辞めると社会保険料の負担が少なくなります。**

社会保険料は月末に会社に在籍しているかどうかで、加入が判断される一方、退職すると、退職したその日に資格を喪失するのではなく、翌日が「資格喪失日」になります。

たとえば、3月15日に退職した場合には、3月16日が「資格喪失日」になり、3月は会社に在籍していなかったことになります。しかし、3月31日に退職すると、資格喪失日は4月1日になり、3月いっぱいは会社に在籍していたことになります。

そこで変わってくるのが、3月の社会保険料。会社に勤めていると、社会保険料は毎月給料から引かれますが、会社員の社会保険料は労使折半なので、会社が半分出してくれています。このうち厚生年金は、1ヶ月でも多く加入していれば、その分の年金を一生涯もらえます。

ですから1ヶ月多く会社に在籍していれば、1ヶ月分の国民年金や国民健康保険の保険料が安くなるだけでなく、将来の年金額も微々たるものではありますが増えるということです。ですから先の例でいえば、退職するなら、3月1日〜30日に辞めるより、3月31日に辞めたほうがトクだということです。

社会保険料は4〜6月の給料が少ないと安くなる

さらに社会保険料を安くする方法があります。それは**4月、5月、6月にしっかり有給休暇をとって、この3ヶ月間の収入を多くしないということです。**

社会保険料は、4月、5月、6月の給料の平均から算出されます。ですから、同じ年収の人でも、4月、5月、6月にたくさん働いた人と、4月、5月、6月にあまり働かずに、他の月に一生懸命残業をした人とでは、後者のほうが社会保険料が安くなります。

現役バリバリで働いている人だと、4月、5月、6月にあまり働かないというわけにはいかないでしょうが、役職定年になったら、有給休暇もとりやすいですし仕事の調整もつけやすいので、これもちょっと頭の片隅に入れておくといいでしょう。

退職金は一時金でもらう

いよいよ会社を辞めるとなると、退職金をどうやってもらうかという問題も出てきます。

退職金のもらい方は、「**一時金でもらう**」「**一時金と企業年金でもらう**」「**企業年金でもらう**」の3つのパターンがあります。

もちろん、企業年金を導入していない会社だと「一時金でもらう」ことになりますが、企業年金のある会社だと、本人が選べるようになっているところが少なくありません。

そこで、一時金でもらうケースと、年金でもらうケースを比べてみましょう。

一時金でもらえばほとんど税金はかからない

一時金でもらう場合、退職控除があるので、ほとんど税金がかかりません。

学歴・職種別モデル退職金額（会社都合）

大学卒事務・技術（総合職）　（千円、月分）

勤続年数	年　齢	退職金額	月収換算
（年）	（歳）		（集計 113 社）
3	25	700	2.9
10	32	3,159	9.2
20	42	9,779	19.8
30	52	21,118	34.4
35	57	24,804	42.8
38	60	26,741	46.0
	定年	24,887	43.3

高校卒　（千円、月分）

勤続年数	年　齢	事務・技術（総合職）		生　産	
		退職金額	月収換算	退職金額	月収換算
（年）	（歳）		（41 社）		（48 社）
3	21	504	2.7	587	3.2
10	28	2,267	8.8	2,404	9.8
20	38	7,455	20.9	6,686	20.9
30	48	15,283	35.1	13,562	36.0
35	53	19,885	42.1	16,449	41.7
42	60	23,153	48.3	20,746	48.8
	定年	22,681	46.0	21,131	48.4

※中央労働委員会事務局（平成 28 年２月）

退職控除は８００万円＋（勤続年数－20年）×70万円なので、仮に40年勤めた方なら、２２００万円まで税金がかからないということです（勤続年数が20年以内だと勤務年数×40万円）。

中央労働委員会事務局の「賃金事情等総合調査（平成28年）」が公表している60歳時点での退職金は、大卒事務・技術（総合職）で約２６７４万円、高卒で約２３１５万円なので、ここを基準に考えると、高卒で42年間働いた人なら、税金はゼロ。大卒の場合でも、実際に支払う税金は20万９５００円となり、一時金でもらった場合の税金は、退職金の１％にも届かないという結果になります。

企業年金でもらうとかなりの税金を支払う可能性がある

一方、退職金を年金として受け取る場合は、65歳未満だと年間70万円の公的年金控除が使えます。これは基礎控除の38万円と合わせたら、108万円になります。65歳以上になると控除額はさらに増えて、158万円になります。

この額が、もらう年金から引かれるのですが、妻が専業主婦という平均的なご家庭の公的年金は22万円ですから、これだけで年額264万円、ここに仮に年間200万円の企業年金がプラスされると、464万円になりますので、年間約23万円の税金を払わなくてはなりません。これは企業年金をもらっている間、ずっと払わなくてはならないので、おトクとは言えません。しかも、収入が多いと社会保険料の支払いも増え、入院や介護が必要になった場合の自己負担額も増える可能性があります。

あなたの退職金を銀行が狙っている！

退職金は、一時金でもらったほうがいいことはご理解いただけたと思います。

ただ問題は、一時金でもらうと、銀行の口座に大金が振り込まれるため、これを狙って銀行がやたらに投資を誘ったり、保険の勧誘をすることです。本人も気が大きくなってしまい、この誘いにホイホイと乗ってしまうケースも後を絶ちません。

退職金は、一生に一度の最後の大金。このお金を頼りに、妻と2人で生きていくのだと覚悟を決め、やたらなものには使わないことです。人生100年時代、長生きすればするほど現金が必要になるのですから。

住民税に気をつけろ

定年退職したら、何十年も働きづめだったのだから、しばらくはのんびりしたいという方もいらっしゃることでしょう。その気持ちはわかります。でも注意しなくてはいけないのが退職した翌年の**住民税**です。

たとえば3月末に退職したとすると、その年の1~3月までの3ヶ月分の所得税は、すでに給料から引かれています。でも住民税はそうはいきません。**なぜなら住民税はフルに働いていて給料をもらっていた前年1年間の所得に対して、翌年に支払うものだからです。**

たとえば3月末に会社を辞めたという人でも、その前の年にある程度の収入があれば、その収入に応じて住民税が計算され、すでに無収入となっている6月から翌年5月にかけて、これを均等割りで支払わなくてはなりません。

無収入でも住民税は年間10万～20万円かかる⁉

住民税をなめてはいけません。

たとえば額面で年収４００万円をもらっていた人の場合、家族構成にもよりますが、１年間で10万～20万円の住民税を払わなくてはならないケースが多くあります。

無収入でこの住民税を支払うのはとても痛い！

ちなみに先に、退職金には所得税がかかると書きましたが、金額によってはこれにプラスして、ここでも住民税を支払わなくてはなりません。

たとえば、１０００万円の退職金をもらい、控除などを使って課税される退職所得が30万円になったとしても、この30万円に対して所得税とは別に10％の住民税、３万円を支払わなくてはなりません。退職を決めたらこの心づもりと算段も、忘れないようにしてください。

妻が稼いだお金は夫名義にしてはいけない

「男性と女性、どちらが長生きするか」と聞かれたら、ほとんどの人が「女性」と答えるでしょう。実際、平均寿命を見ても、先述した通り、男性が81歳なのに対して、女性は87歳となっています。しかも、夫婦の平均年齢差は1・6歳（国立社会保障・人口問題研究所2015年調査）ということですから、夫の死後8年くらいは、妻がひとりで生きる可能性が高いということです。けれど、そのために夫に高い生命保険をかけるというのはナンセンス。なぜなら、長くなった老後に必要なのは、保険金より現金だからです。

妻の〝へそくり〟に税金がかかる⁉

ところでみなさんは、〝へそくり〟に税金がかかると言ったら、「そんなバカな！」と思うでしょうか。けれど収入がない専業主婦のへそくりは、夫の収入から行ったとみなされ、「長い時間をかけて貯めた」と言っても、一括して夫から贈与されたものとして、贈与税がかかる可能性があります。

たとえば妻がコツコツとへそくりをして、1000万円貯めたとしましょう。このお金で店を借り、長年の夢だった料理教室を開いたとします。そうすると税務署から、「開業のためのお金は、誰からもらったのですか?」というお尋ねがくる可能性があります。

その時に、「主人に内緒でコツコツとへそくりで貯めました」と言っても、**「ご主人から1000万円を贈与されたのですね」ということになって、231万円もの贈与税を払わなくてはならなくなるかもしれません。**

最近は、パートで働く主婦の方も増えています。

パートで稼いだお金は、正真正銘、妻が稼いだものです。そうであるならこのパート収入は、へそくり口座ではなく、正々堂々「私のお金」と言える「自分名義の口座」に入れることです。変な誤解で不要な贈与税をとられないよう、ぜひ注意してくださいね。

退職したら専業主夫になりなさい

最近は「専業主婦」家庭が減って、共働き家庭が増えています。

また、ご主人が会社を定年退職しても、奥さんは会社でバリバリ働くケースも増えています。この場合は、**夫が「専業主婦」ならぬ「専業主夫」になると、経済面で様々なメリットがあります。**

退職後の夫の年収が150万円までの場合、働く奥さんの納税額を減らすことができる「配偶者控除」「配偶者特別控除」が使えます。この場合、所得税の控除額は満額で年間38万円、住民税は33万円になります。2018年からは、年収201万円以下の場合も、（額は段階的に減りはしますが）税金が安くなることになりました。

これは奥さんが働いている一般的なご家庭なら、**所得税、住民税を合わせて年間7万1000円の税金が戻ってくる**ということですので、決してバカになりません。ただし、奥さんの年収が1220万円（所得1000万円）を超えてしまうと、「配偶者控除」「配偶者特別控除」は使えなくなります。

社会保障面では、夫が年収130万円未満なら、夫は妻の「**扶養家族**」になることもできます。妻の扶養家族になれば、夫は国民年金保険料、国民健康保険料を一銭も支払わなくても、年金や健康保険に加入できます。

よく、「サラリーマンの妻で第3号被保険者なら、国民年金保険料、国民健康保険料を一銭も支払わなくても、年金や健康保険に加入できる」と言われますが、逆も同じで、妻が会社勤めや公務員で夫が専業主夫の場合も、夫は第3号被保険者になることができます。性別は関係ありません。ただし夫が60歳になったら、第3号被保険者の資格は喪失します。

退職間際にうつ病になったら？

最近は、退職間際でも会社での人間関係やパワハラに疲れ切り、退社する人が増えています。中にはうつ病を発症する人もいて、そうなると家計も大変です。こんな時は退職間際だからといきなり会社を辞めるのではなく、健康保険の「**傷病手当金制度**」を使うのも手です。**この制度は、病気やケガで会社を4日以上休むなら、休業している間は給料の3分の2が、最長1年6ヶ月支給されるというものです。**仮に、月30万円の給料をもらっていた人なら、月20万円は支給されます（この場合、月20万円以上もらって妻の扶養に入ったとしても「配偶者控除」、「配偶者特別控除」が使えます。傷病手当金は非課税なので、合計所得に含まれないからです）。

精神的な病の場合、治療が長引くことがありますが、その場合も、障害年金でうつ病と認定されれば、最長である1年6ヶ月を超えて給付金をもらうことができます。

増え続ける専業主夫

私の友人で、新聞社で働く女性がいます。ご主人も同じ新聞社にお勤めだったのですが、煩わしい人間関係など様々なことがあって、早期退職に応募し、50歳で退職金を手にして会社を辞め、現在、「専業主夫」をやっています。

「とにかく毎日が楽しそう。時間をほとんど趣味に費やす優雅な生活。でも私はバリバリ働きたいほうだから気にならない。家事をしっかりしてくれるし、疲れて家に帰ると温かい食事ができているし。一番いいのは、会社の愚痴をふむふむと聞いてくれること。なんだか、夫が専業主夫になって、夫婦の会話が増えたみたい」

日本では、年々「専業主夫」が増えています。実は海外でも、育児や家事をする専業主夫は増えていて、２０１４年には推定１９０万人いるといわれています。

健康保険は任意継続を選びなさい

定年退職すると会社の健康保険が使えなくなり、国民健康保険に入ることになります。ここで保険料が高くなったと感じる人は多いようです。

なぜなら、会社の健康保険の保険料は、その金額の半分を会社が負担してくれていたからです。しかも、**夫が会社の健康保険に入っていれば、専業主婦の妻なら大抵は夫の扶養家族になれるので、一銭も保険料を支払わなくても保険に加入することができていました。**

けれど夫が退職して国民健康保険に加入すると、妻は夫の扶養から外れるので、自分で国民健康保険料を支払わなくてはなりません。そのため、もらっていた給料にもよりますが、実感的には一家でそれまでの2倍くらいの保険料を支払っている気がする人も出てきます。この高い保険料を安く抑えるには、どうすればいいでしょうか！

1年目は健康保険の任意継続、2年目は国民健康保険と比較する

まずは**最長2年間だけですが、健康保険の任意継続制度を使えば、保険料は安く抑えられます。**健康保険の任意継続制度とは、健康保険に2ヶ月以上加入している人を対象に、それまで加入していた健康保険に、引き続き加入できる制度です。これによって退職後、最長2年、同じ健康保険に加入できます。ただしこれは、退職した日から20日以内に手続きをしなくてはいけません。それ以上たってしまうと、理由の如何にかかわらず手続きができなくなるので注意してください。

年収が700万円くらいあると、保険料計算の基準となる平均的な給料（標準報酬月額）は36万円で計算されるのですが、任意継続をした場合、会社負担がなくなる分、かなり負担が重くなることから、平均的な給料の上限は28万円で計算されます。そうなると月額の保険料は約2万8000円が上限となり安くなるのでおトクです。

しかも任意継続制度には、扶養の仕組みがあるので、扶養家族の保険料も必要ありませ

ん。

ただし国民健康保険の保険料は、退職後に無収入になると、その収入を基準に2年目の保険料が計算されるので、国民健康保険のほうが安くなるケースもあります。これについては最寄りの自治体に相談してみましょう。

第2章

定年前後「銀行」の裏ワザ

ネットで手数料をゼロにする

インターネットを使えないと、損をする時代になりました。

この傾向は、今後ますます大きくなっていくことは確実です。

なぜなら今は多くの人が、魚が水の中を泳ぐようにインターネットを使いこなし、これからの世の中は、インターネット抜きでは考えられない社会になるはずだからです。

ネットのほうが早くて安い！

すでにその傾向は金融業にも顕著に出ています。たとえば、株取引では証券取引所で株の売買をする場立《ばた》ちが消え、代わりにすべてコンピュータ処理になりました。株券もなくなり、すでに電子化されました。

その他、**保険の加入から買い物まで、ネットを使ったほうが、早くて安くて確実。これは、日本だけの流れではありません。**たとえば中国の上海などでは、百貨店など大きな店が次々と閉店しています。日本の通信は、「家電話→ファックス→携帯電話→パソコン」と、順次進みましたが、中国は、家電話も持たない人がいきなりパソコンを始め、巨大なネット社会が出現。品物は百貨店など品数豊富なところで見て、それを1円でも安いネットで注文しているというわけです。

アメリカでも、2017年末のウォルマート（スーパー）の売上は惨憺たるものでしたが、ウォルマートが減った分、ネット販売のアマゾンが売上を伸ばしました。

そこで、2018年にはウォルマートもネット販売に力を入れ、第二四半期（5月から7月）は、ネット売上40%増とアマゾンを猛追しています。

ネットの振り込みはタダ！

これから100歳まで生きるなら、そこそこインターネットを使いこなせるようにしておかないと、損をすることになるでしょう。たとえば身近なところでは、**インターネット**

インターネットバンキング手数料

	振込金額	インターネットバンキング	ATM		窓口
			カード	現金	
当行同一支店あて	3万円未満	0円	0円	216円	324円
	3万円以上	0円	0円	432円	540円
当行他店あて	3万円未満	0円	108円	216円	324円
	3万円以上	0円	108円	432円	540円
他行あて	3万円未満	216円	270円	432円	648円
	3万円以上	324円	432円	648円	864円

※三菱ＵＦＪ銀行ホームページより

バンキングがあります。これだと同じ振り込みでも、圧倒的に手数料が安い！

三菱ＵＦＪ銀行の場合、５万円を同行内の他の支店に振り込んでも、ネットを使えば振込手数料は無料。他行あてでも３２４円です。しかし**この手続きを銀行の窓口でやってもらうと、同じ銀行内なら５４０円、他行あてなら８６４円もかかります。**

しかも、銀行の窓口で振り込みするためには、わざわざ銀行に出向き、番号札をとって、自分が呼び出されるまで待たなくてはなりません。

ところがインターネットバンキングだったら、真夜中に「明日の朝一で送金しなければ！」と思い出しても、ネットで振り込み操作をするだけで、自分は朝寝坊をしても、翌朝にはしっかり振り込みが完了されます。また、いちいち銀行に行って通帳記帳をしなくても、ネットでお金の流れを把握できます。

銀行は客が窓口に来るのを嫌がっている

なぜ、こんなにインターネットバンキングが安くて便利になっているのかといえば、窓口に人を配置するコストがかからないからです。

銀行の支店は、たいてい都心の一等地にあり、窓口対応している行員も、他業種よりも給料が高い。ですから、地価の高い店で給料が高い店員が対応すると、振り込みでもなんでも赤字になってしまうのです。そこで、**コストの安いネットで自分で作業してもらえれば、銀行側もコストを減らせる。その結果、料金が安くなっているのです。**

実は欧米の銀行では、振り込みや通帳記帳などで窓口で行員が対応することはほとんどなくなっています。日本の銀行窓口にあるようなハイカウンターもほとんどなく、代わりに高級な革張りのソファーが置かれています。なぜなら銀行にやってくるのは、多くが億単位の資産を持つ人たちで、対応する行員も、税理士や法律家などスペシャリスト。彼らは億単位の財産の資産運用や管理の相談をしています。こうした客は、財産が多いだけに支払う手数料も大きい。ですから1日10人くらい来れば、銀行は十分儲かるのです。

「休眠口座」に気をつけよ！

みなさん、お金が残っているまま放置している銀行口座はありませんか？

２０１８年１月から、「**休眠預金等活用法**」が施行されました。10年以上、入出金などのない口座は「休眠口座」とみなされ、その資金はＮＰＯ法人などの活動に充てられることになりました。

その結果、**２００９年１月１日以降、取引がない普通預金、定期預金、貯金、定期積金などは、休眠口座として預金保険機構に移管されるなどしています。**ただし、いきなり「休眠口座」というのも乱暴なので、６月までの間は、郵送による通知を発送したり、ウェブサイトで告知をしていたようです。

休眠口座になってもお金は返してもらえるか？

心配なのは、休眠口座になると口座に残っている預金が没収されてしまうのではないかということです。でも安心してください。**今のところは、休眠口座になってからでも、銀行に申し出れば出金することができます。**

ただし口座が預金保険機構に移管されているので、戻してもらうには煩雑な手続きが必要、かつ時間がかかる可能性があります。それを考えると、1000円や2000円くらいなら諦めて、役に立つことに使ってもらおうという人もいらっしゃるかもしれませんね。

郵便貯金は没収される⁉

一方、郵便局の場合は、商品によって扱いが変わってきます。

2007年9月30日以前に預けた定額郵便貯金、定期郵便貯金、積立郵便貯金、通常郵便貯金、通常貯蓄貯金は、満期後20年2ヶ月を経過しても払い戻し請求がないと、権利が

消滅して没収されてしまいます（2007年10月1日以降に預けたものについては、払い戻し可能です）。

シニア女性の〝へそくり〟の平均額は514万円。預け先は郵便局が多いそうです。その〝へそくり〟、没収されていませんか？

定年したら銀行窓口に行ってはいけない

一生懸命、汗水流して働き、やっとリタイアして手にした退職金。

その退職金が銀行口座に振り込まれた瞬間、銀行から「こんな低金利では、銀行口座に入れておいても増えません。投資しましょう」という電話が、夜昼なくかかってきます。

しかも、若いかわいい声の女性行員に、「今度、私が○○様の担当になりましたので、一度ご挨拶におうかがいしてもよろしいでしょうか。お困りのことがあれば、なんでもご相談いただければ嬉しいです」などと言われると、なんとなく会ってみたい気がしてきます（相手はもちろん、退職金で投資をしないかと勧めに来るのですが！）。

でも、**世の中には濡れ手で粟でお金を増やせるようなうまい話などありません。金融庁の調べでは、銀行の窓口で投資信託を買った人のほぼ半分、46%が損をしています。**

投資しても損をする確率が高いというのに、かわいい女性に勧められ、なんとなく投資信託を買ったら、なんと下がってしまった！　そこで再び銀行に行くと、こんな会話が展開されます。

「あら、どうなさいましたか？」「買った投資信託、なんだか減ってるみたいなんだけど」「あら、○○さんの持っていらっしゃる投資信託は、長期投資で増えるものなので、目先の利益で一喜一憂なさらないほうがいいですよ」（となだめられる）。

銀行の窓口では、こんな会話がいつも展開されています。

銀行窓口でだまされるな！

「長期投資ですから」などと言われると、なんだか利益を焦っている自分がド素人のような気がしてきますが、そんな言葉にだまされてはいけません。

なぜなら、**投資信託を運用するファンドマネージャーには、長い目で見た運用ができる人などほとんどいないからです。**投資信託のファンドマネージャーの多くは、3ヶ月の運用結果で評価されます。中には、6ヶ月の運用結果で評価される人もいますが、短期間のうちに結果を出さなければ評価が下がるし、外資系などはクビになる。そもそも長い目で見た投資とは、無縁なのです。

実は、冒頭の金融庁の調査では、「もっと儲かるものがあるので」と別の商品を売りつけては手数料を稼ぐ「回転売買」をしている悪質な銀行の実態も出ていました。こうなると、**定年退職者が銀行に行くのは、ネギを背負ったカモが、鍋に投げ込まれるようなもの**です。

カモ老人になってはいけない！

みなさんもご存じのように、**2013年、「2年でデフレを脱却する」と豪語した日本銀行、黒田総裁の異次元の金融緩和は、6年たっても実現できそうになく、その副作用で経済を悪化させています。**

銀行は、日銀から大量のお金を流されても、企業は安倍政権下で約150兆円も内部留保を増やしており借りない、個人も給料が上がっていないので借りない。かといって公的資金が支える歪んだ株式相場には手を出したくない。債券市場も脳死寸前。

仕方ないから日銀の中にある当座預金口座に預けようとすると、「これ以上預けたら手数料をとる」とばかりに「マイナス金利政策」が発動され、採算悪化でどうしようもない。

正直、今の銀行は、行くも地獄、戻るも地獄というにっちもさっちもいかない状況です。戦争にたとえていうなら、威勢良く真珠湾を攻撃しろと指令を受けたはいいけれど、後先考えない戦争で、兵士には食料も玉も届かず餓死者続出。けれど上司（日銀）は負けを認めず、無謀な作戦を続けているといったイメージです。太平洋戦争で死んだ兵士の6割は餓死と疫病でしたが、この状況はそっくり今の銀行の置かれている状況に当てはまります。


こうして銀行の採算は悪化するばかり。金融庁が「優良銀行」というお墨付きを与えたスルガ銀行が不正融資で自殺者まで出したのも、カードローンでの自己破産者が急増したのも、そうしなければ生き残れなくなっている銀行の悲惨な状況を物語っています。

そして今、**経営的に追い詰められた銀行が狙っているのが、みなさんの大切な退職金。投資するとみなさんにはリスクがありますが、銀行はノーリスクで手数料を稼げます。**なので、みなさんを誘い込むことで、今の銀行は生き残ろうとしているわけです。

ですからくれぐれも、銀行に言われるがままに投資する「**カモ老人**」にはならないことです！

「銀行のカードローン」に気をつける

「数字を達成できないなら、ビルから飛び降りろ」と罵声を浴びせられ、ものを投げられて「お前の家族を皆殺しにしてやる」と恫喝され、挙句の果てに、「死んでも頑張ります」と言う行員に、ゴミ箱を蹴り上げ「それなら死んでみろ」と吐き棄てる支店長。

スルガ銀行不正融資の第三者委員会の調査報告書を読みながら、震え上がりました。

シェアハウス「かぼちゃの馬車」運営会社の破綻は大きな社会問題となり、その後、自殺者も出て事態はさらに悪化の一途。

銀行法第1章では、「業務の公共性にかんがみ、信用を維持」することが義務づけられている銀行員ですが、「かぼちゃの馬車」事件では、給与明細書や預金残高を改ざんしてまで多額の貸し込みをしていました。ただ、これだけが特殊な事件とは言い切れません。もちろん許されないことですが、でも、これは氷山の一角かもしれません。

銀行のカードローンの取り立ては消費者金融！

今、銀行の「カードローン破産」が増えています。

最高裁によれば、これまで個人の自己破産は減っていましたが、２０１６年に６万４６３７件と前年比１・２％増。これは、自己破産のピークの２００３年以来13年ぶりの増加です。原因は銀行のカードローンの貸し出しが増えたこと。貸付残高は２０１３年に３兆５４４２億円でしたが、２０１６年には５兆１２２７億円と３年間で約５割増となりました。

「カードローン破産」といえば、以前「サラ金」と呼ばれていた消費者金融が、過剰な融資をしたことで一気に増えました。

その後、消費者金融への指導などで減っていたのですが、ここにきてまた急増した背景には、**銀行が積極的にカードローン事業に乗り出した**ことがあります。

カードローンを借りる時、多くの人は銀行が審査して貸し出しを行うと思っています。なぜなら、すべての手続きを銀行がするからです。けれど、**実際に審査をしている保証会**

社の多くは、銀行ではなく消費者金融です。なぜなら銀行には、消費者金融のような、無担保、無保証人でも貸し出せるノウハウがないからです。そのため、カードローンを借りている人が支払いができなくなっても、銀行は損をしないように審査を保証会社に任せていて、もし支払いが滞ったら保証会社が借り手に代わって支払いをすることになっています。つまり、**みなさんは銀行からお金を借りますが、払えなくなった時の取り立ては消費者金融からされるというわけです！**

消費者金融は銀行のグループ会社になっている

今、消費者金融の多くは、銀行のグループ会社になっています。たとえばアコムは三菱ＵＦＪフィナンシャル・グループの傘下で、三菱ＵＦＪ銀行カードローンバンクイックの保証会社になっていますし、プロミスは三井住友フィナンシャルグループのＳＭＢＣコンシューマーファイナンスとして三井住友銀行に入っています。系列にこうした消費者金融を持っていない銀行も、保証会社はこのようなところを使っています。だから、銀行のカードローンが払えなくなったら、銀行ではなく保証会社である消費者金融から取り立てが来るわけです。

なぜ、銀行がカードローンに力を入れているかといえば、儲かるからです。

住宅ローンだと金利は1％前後。けれど、カードローンの金利は、たいてい14％前後と高い。しかも、借りるほうも、相手が消費者金融だとちょっと身構えますが、銀行ならなんとなく安心感がある。銀行のキャッシュカードを持つ人が大半ですから、**「お持ちのキャッシュカードにカードローン機能をつけておくと、残高不足になってもローンで支払いができて、いざという時に便利ですよ」と言われたら、抵抗感がなくなる人も多いでしょう。**

たしかに、カードローンには便利な面もあります。けれど、定年後は特に、便利なだけに一歩間違えれば、多重債務に陥りかねないということはお忘れなく。

退職金で投資なんておやめなさい

「老後の退職金ですが、何に投資すればいいのでしょう」という質問をよく受けます。

これは、「私は、どんな女性と交際したらいいでしょう」という質問に似ています。「自分は女性とつき合った経験も少ないので、女性のことはよくわからない。でも、女性を見る目がある人が勧めてくれる女性なら、あまり外れがないのではないか」、こんな感じです。

ところが、人の好みは百者百様。この女性となら合うかなと思って紹介しても、「もっといい人はいないのですか？」と言われるのがオチ。なぜなら、「誰でもいい」とは言っても、実は自分が愛情を持てる女性以外と人は交際したくないからです。

投資も同じで、**「絶対に儲かる投資しかしたくない」「損する投資は、やりたくない」**と思っても、絶対に損しないなどということはありえません。**損したくなければ投資などし**

ないほうがいいのです。

ですから私は先の質問を受けたら、必ず「虎の子の退職金で、投資なんかしないほうがいいですよ」と言うことにしています。

ただし「何に投資すればいいのか」ではなく、「この金融商品に投資するメリット、デメリットは何か」と聞かれたら、即座に、明快に答えられる自信はあります。

投資がしたいなら〝株〟を買ってみる

本気で投資をしたいと思うなら、変な投資セミナーに出かけて勉強しようなどとする前に、何でもいいから自分が興味の持てる〝株〟を買ってみるといいでしょう。100万円くらいの株を買うと、株ですから、毎日上がったり下がったりします。

上がった時はみんな嬉しいですが、問題は下がった時。仮に、100万円で買った株が、50万円になってしまったとしましょう。その時に、**「50万円も損をしてしまった」と頭を抱えて寝込む人は、もう一生涯、投資などしないほうがいい。**

けれど、その時「安くなったから、同じ株をもう100万円で2株買おう」と思える人は、ピンチをチャンスに変えられるかもしれない投資向きの人です。

向き、不向きということは、投資セミナーでは教えてくれません。なぜなら、**金融機関が無料で投資セミナーを開くのは、不向きであろうがなんであろうが、来た人を投資に誘い込みたいだけだからです。**

自分が投資に向いているのか向いていないのかもわからないままに、のこのことそんなところに出かけていくのは、これまたカモがネギを背負って鍋に飛び込むようなものです。

「分散投資」に意味はない

投資で大切なのは、どこまでのリスクならとれるのかがわかっていることと、「投資で資産を増やす」などとは考えないことです。

今、日本は、**金融庁をはじめとして、投資をすれば明るい未来がやって来るというような幻想を振りまき、みなさんを投資に誘い込んでいますが、手持ちのお金が勝手に増えてくれるほど、投資は甘いものではありません。**

かくいう私は、実は、株式投資を30年以上やっています。バブルの頃に始め、その後株価が落ち、少し持ち直した頃にアジア通貨危機が来て下落。また少し持ち直したと思ったらリーマンショックで大幅下落。そんなアップダウンを、株価を通して肌身で感じられたことはよかったと思います。

私は、最初から株式投資用の口座には一定額しかお金を入れず、それがゼロになったら投資はやめようと決めていたので、下がっても上がっても、生活には影響ない気楽な投資をしてきました。

そこでわかったのは、**投資はタイミングだということです**。よく、リスクを減らすために「分散投資」を勧める人がいますが、アジア通貨危機やリーマンショックのようなことがあると、すべてのものが値下がりするので、投資商品を分散していても意味がない。

何が大切かといえば、たとえば株なら、リーマンショックの後のような安い時に買って、少し値上がりしたところで売る。つまり商品を分散するのではなく、タイミングをしっかりつかむことだと思います。

ただし、これから不況がやってくるかもしれない今は、投資などする時期ではないと思います。そういう意味でも、「何に投資すればいいのか」と聞かれたら、やはり「虎の子の退職金で、投資なんかしないほうがいいですよ」と自信を持って答えたいと思います。

「信用金庫」なら10%の配当がつく!?

今どき「利回り4%以上の配当が稼げるところがある」などと書くと、「そんなのインチキに決まっている」と誰もが思うことでしょう。

そう思うあなたは正しい！　そして、その正しさを、絶対に忘れないでください。

ただ、実は、本当にあるのです、4%以上の配当利回りが！

それは、地域の**信用金庫への出資**です。

信用金庫というのは、地域密着の金融機関です。ここは地元への資金供給を担っていて、地元に住んでいる人ならば、その信用金庫を支える会員となって出資金を出すことができます。この出資金に対して出される配当金は4%、5%は当たり前、中には高知信用金庫のように10%のところもあるのです。

信用金庫を使うワザ

こう書くと、すぐにでも口座にある預貯金を引き出して信用金庫に出資したい！　と思うかもしれません。でも出資には、いくつか覚えておかなくてはならないことがあります。

- 住んでいる地域の信用金庫にしか出資できない
- 出資額には上限が設定されていて、10万円までというところが多い
- 出資したら簡単に出資金を引き出すことはできない
- 必ずしも有利な配当がつくわけではない。業績が悪ければ配当ゼロもある
- 出資した信用金庫が倒産したら出資金は保証されない

こうしたことを考えると、信用金庫への出資は、利回りの良い株を買うのとは違い、仮に配当ゼロとなっても、地域で頑張っている信用金庫を応援するという気持ちがなくてはいけないことがわかります。

ちなみに、信用金庫はみんなが出資して運営する組合組織なので、株の発行はしていません。

ただし、**信用組合の元締め的役割を果たしている信金中央金庫**（銀行にとっての日銀のようなところ）**では、株のようなものを発行しています。これは「優先出資証券」といって、厳密にいえば株ではありませんが、マーケットで取引できます。**

信金中央金庫は、一口当たり、安定的にほぼ６５００円の配当を出していて、現在の株価からすると配当率は２・７％前後。東証一部上場企業の配当の平均が１・８５％、二部上場企業の平均が１・０８％（ともに２０１７年）なので、今のところは高配当といえます。

日銀にも株がある！

余談ですが、実は日銀も、信金中央金庫と同じように、株らしきものを発行していて、株式市場で誰でも買えるようになっています。

ただし、２０１８年12月26日現在で買おうと思うと、３６０万円（１００株）必要です。

黒田日銀総裁が就任してデフレ脱却宣言をした時には800万円くらいでしたから、すでに半値以下に暴落しています。

でも、こう書くと、「だったら日銀の株を買い占めて大株主になれば、日本の金融政策を変えられるんじゃないか」と思った大金持ちもいることでしょう。

けれど、これは株のように売り買いはできますが、**厳密にいえば、株券ではなく出資証券。なので、マーケットでの売り買いはできますが、株主総会もないし、どんなにたくさん買っても、議決権行使はできません。**

さらに、そもそも額面100円のものが360倍で取引されているので、配当は約0・014%と、とんでもなく低い。

しかも、日銀が倒産（解散）した時には、日銀が持っている財産は出資者で分けることはできず、全部国に帰属してしまいます。

ちなみに、今、日銀は株式市場から大量の株を買っていて、トヨタや三菱UFJ銀行、ソニー、イオンなど一部上場企業の約4割の企業の筆頭株主になっています。日銀が倒産したらこうした企業は国が筆頭株主となり、自由主義国家とはいえなくなるかもしれませんね。

貯金するなら7月、12月がトク

信用金庫の話に戻りますが、**貯金するなら銀行よりも最寄りの信用金庫のほうが、何かとメリットがあるかもしれません。**なぜなら、メガバンクと信用金庫を比べると、商売の仕方が大きく違うからです。

信用金庫と銀行の違いとは？

メガバンクは、主に都会の金持ち相手の商売をしており、活動エリアも制限されていません。企業でいうなら大企業が相手。ですから、不特定多数の人からお金を集め、貸し出しや運用で儲ける会社組織になっています。

一方、信用金庫は、基本的には会員の出資で成り立つ協同組合の非営利組織。儲けは、出資者に還元します。また、営業活動できるエリアが決まっていて、そのエリア内の企業や住んでいる人を対象に商売をしています。この企業は、従業員300人以下または資本金9億円以下が対象となっています。

メガバンクは今、先述した通り、本来の銀行業務ができなくなっています。不特定多数の人からお金を集め、これを貸し出して儲けるという従来型のビジネスが、できなくなってしまっているからです。

でも信用金庫は、地域の中小企業を相手にした**ドブ板営業**をしています。銀行のように、日銀からお金がどんどん流れてくるわけでもなく、預金を集めては地域で貸し出しを行って利ざやを稼ぐという商売を主流としています。ですから、いまだにしっかり預金集めをする仕事をしています。

チャンスはボーナス期の7月と12月

信用金庫は、預金を集めて地域の中小企業にお金を回し、利ざやを稼ぐという商売をしているので、預金を集めるために、**大手銀行がやらないようなサービス**をしています。たとえば定期預金を見ると、大手銀行では良くても金利0・01％ですが、信用金庫には様々な商品があって、たとえば城南信用金庫では、ソーラーパネルや蓄電池購入で10万円以上の投資をしたら、1世帯100万円を限度に定期預金の金利を1％にしています。また、豊橋信用金庫の「子育て応援定期積金」は店頭金利に利率0・2％が上乗せされます。

実は信用金庫にとって、中小企業の資金需要が最も高まるのは、**7月と12月**。社員にまとまった額のボーナスを出さなくてはならないので、信用金庫はこの時期になると通常の金利に特別金利を上乗せしたり、都市銀行などがやめてしまったティッシュやお皿などのノベルティーをつけてくれるところもあります。

日本では、日本国内に本店のある銀行、信用金庫、信用組合、労働金庫、信金中央金庫、全国信用協同組合連合会、労働金庫連合会、商工組合中央金庫は、**破綻しても預金保険で1機関につき1000万円とその利息が守られます**（これは金融機関の大小によらず一律。ただし、外貨預金、譲渡性預金、金融債などは、預金保険対象外）。

一方、証券会社、保険会社には別の保護機構があり、農業協同組合や漁業協同組合などは、上部団体が保証することになっています。

ですからもし、3000万円あるけれど金融機関の破綻が心配というなら、1000万円ずつに分けて、その一部を信用金庫に預けるというのも定年退職者にはおススメかもしれません。

郵便局を120%活用する

郵便局といえば、全国に2万4000もある最も身近な金融機関。郵便の配達だけでなく、貯金や保険への加入、送金など、様々に使っている方が多いでしょう。

最近では、戸籍の謄本・抄本や戸籍の附票の写し、住民票の写し、納税証明書、印鑑登録証明書などを交付してくれる郵便局もあります。

その他、切手や印紙の他にも、公営バスの回数券やゴミ処理券、入場券、商品券、ゴミ袋などを売る郵便局も出てきています。あるいはドリームジャンボ宝くじ、サマージャンボ宝くじなど、宝くじの販売や当選金の支払いなどをする郵便局もあります。

通帳とキャッシュカードで無料送金できる

定期の金利はそれほど良いわけではありませんが、特徴的なのは、ゆうちょ銀行のキャッシュカード、通帳を使ってＡＴＭでお金を出し入れすれば、**曜日や時間帯にかかわらず利用料金がかからない**ことです。

たとえば、青森から東京の子どもに送金するという時は、東京にいる子どもにキャッシュカードを渡し、青森のゆうちょ銀行の口座に通帳でお金を入金し、その口座からキャッシュカードで子どもがお金を下ろせば、**送金手数料はゼロ**ですむというわけです。

見守りサービスや「終活相談」始まる

郵便局は、かなりの過疎地にもあるため、最近では、郵便局員が月に1回、「**みまもり訪問サービス**」も始めています。30分程度の訪問で、体調や日常生活の様子、心配事を聞くほか、不審な業者からの電話や訪問はないかなど様々なことを聞き、頻繁に帰省できない家族に情報を送ってくれます（月額２５００円）。これには看護師などの専門スタッフが、24時間・年中無休で対応する「**24時間健康相談**」などのサービスも含まれるほか、電話で体調確認をする「**みまもりでんわサービス**」なども始まっています。加えて、最近は終活事業者と提携して、郵便局の利用者の相続手続きの相談なども手がけ始めています。

福祉にも気配りする郵便局の貯金

郵便局は、**福祉サービス**にも力を入れています。

たとえば、障害者や遺族となった方々には、一般の1年ものの定期貯金の金利に0・1%上乗せした「ニュー福祉定期貯金」があります。

また、「ゆうちょボランティア貯金」は、通常貯蓄貯金の利子のうち20%を、「世界の人びとのためのJICA基金」を通じて、発展途上国や地域の生活向上、環境保全などに使っています。低金利が続いてはいますが、ここからは2008年10月以降、約3300万円が寄付されているそうです。

郵便局でも預けたお金が目減りするケースがある！

その他、最近、郵便局が力を入れているのが、**投資信託の販売**で、郵便局では70本近い投資信託を取り揃えて販売しています。郵便局は信用力が高いので、特に定年退職者は勧められるままに購入している人も多いですが、投資信託にはリスクがあり、当然ですが元本割れをすることもあります。1万円の基準価格のものが、2万円以上になることもあれば、3000円くらいに下がってしまうことがあるのも投資信託ならでは。**2018年12月17日現在で、基準価格の1万円を割ってしまっているものは、全体の約4割強もあります。**

郵便局も民営化され、他の金融機関同様、利益を追求しなくてはならなくなっています。ですから最近では、保険を押し売りしたり、金融商品を押し売りしたりというようなこともクローズアップされてきています。

銀行をあまり信用しないという人は多くいますが、郵便局への信頼はまだ絶大。けれど、**定年退職者は特に、郵便局であっても「大丈夫かな」という目を向けてみる必要があるでしょう。**

「死んだら返さなくていいローン」がある!?

「**リバースモーゲージ**」という、家を担保にお金を借りる新しい借金が注目されています。

これまであった家を担保にお金を借りるケースでは、不動産価値の7割程度を目安にお金を借り、これを何年かかけて利息とともに返済し続けるというものでした。

けれど、「リバースモーゲージ」は、家を担保にお金を借し続けてくれ、最終的には本人の死後、担保になった家を金融機関に渡すので、お金を返す必要がありません。つまり、**長年住み慣れた家に住みながら、お金も借りられ、しかも返さなくてよくて用途も自由。その代わり死後に家を渡すというしくみです。**

これが、なぜもてはやされているのかといえば、お金を借りても返す必要がないので、年金が不足がちな定年退職者でも生活に余裕が生まれること、そして長年住み慣れた自分の家に住み続けられることにあるのだと思います。

死んだ後に、家は金融機関のものになりますが、死んだ後などどうでもいいと思う人も多いでしょう。ですから、一見するとこれはいいことずくめのしくみに見えます。

でも、そこに落とし穴はないのでしょうか。

ここでは主に、3つのデメリットを見てみましょう。

①長生きしたら家を手放さなくてはならなくなる!

通常、リバースモーゲージは、死後に家を売ることで借りたお金を返します。けれど、今60歳の方がこれを使って、100歳を超えても元気だったら、銀行としては家を売却するまでに40年以上かかります。そうなると資金繰りがきびしくなるので、**リバースモーゲージは、あらかじめ契約期間が設定されているものが少なくありません。**

たとえば20年という契約期間を定めているケースだと、20年を過ぎていても元気であれば、その時点で家を売ってお金を返すか、家を金融機関に渡さなくてはならないケースが出てきます。でも65歳で20年契約をし、85歳で家を出て行くなんてとても辛い!

そうなれば、住むところを失うだけでなく、それまで受け取っていたお金ももらえなくなるので、「人生の最後が一番惨め」ということになりかねません。まさに「家もない、お金も借りられない」という、お先真っ暗な老後になるかもしれません。

②土地価格が下がったら予定の融資がされない可能性がある

もう1つ心配なのは、契約している間に土地の価格が下がってしまうことです。リバースモーゲージは、建物は老朽化してしまうのでほとんど評価されず、土地の評価で融資が決まります。けれど、今や土地価格は、よほど立地の良いところでないと下がる可能性が高い。そうなると、**融資額が予定よりも減らされたり、場合によっては融資が止められてしまうこともありえます。**

③自分が望む金額を借りられない

自分がほしいと思っている金額が借りられない可能性もあります。

たとえば、時価7000万円の家なら、通常だと5000万円前後は借りられます。しかしリバースモーゲージだと金融機関がお金を回収できるのがかなり先になるので、1000万円前後しか借りられないというケースもあります。

「売却」して住み替えるという選択もアリ

こうしてみると、リバースモーゲージには、メリットもありますが、デメリットも大きいことがわかります。

「長年住み慣れた家だからどうしても住み続けたい」という人は利用する価値があるかもしれませんが、もし家に執着しないなら、今の家を「売却」し、そのお金で新しい家に「住み替える」という方法もあります。

たとえば、時価7000万円の家なら、とりあえず7000万円で売却し、夫婦で暮らすなら2LDKくらいのコンパクトなマンションを3000万円くらいで購入し、差額の4000万円を老後の生活費として使うというようなことでもいいのではないでしょうか。

そのほうが、老後資金もしっかり確保できるし、住まいも手放さなくていいかもしれませんよ。

「信用情報」をたしかめる

「借りたお金は、しっかり返すのがモットーの自分は、間違ってでも**ブラックリスト**などに載るはずはない」。そう思っている人は多いでしょう。けれど、**自分が知らないうちに、間違ってブラックリストに載っていたという事件は、それほど珍しくはありません。**

たとえば、2013年にソフトバンクが、一部の分割契約者の信用情報を誤ってブラックリストに載せました。携帯電話会社などでは、料金が未納の人をブラックリストに載せたりしますが、この時は、毎月支払いをしていたにもかかわらず、間違った情報でブラックリストに入っていました。その数なんと6万人以上！　大きな問題になりました。

もしかしたら、自分は身に覚えがなくても、間違ってブラックリストに入ってしまうということは、ありえないとも限りません。そうなると、**定年後「金融機関からお金を借りようと思ったのに借りられない」**といった不都合が起きる可能性があります。

ですから、定年前には、信用情報機関で自分がどんな登録になっているのかを、一度調べてみたほうがいいでしょう。

主な信用情報機関は3つある

現在、日本には主に3つの信用情報機関があります。

・**銀行などが利用する「全国銀行個人信用情報センター」**
・**クレジットカードや携帯電話会社が利用する「CIC」（株式会社シー・アイ・シー）**
・**消費者金融や信販会社が利用する「JICC」（日本信用情報機構）**

CICの情報は、インターネットで開示しているので、受付番号を取得し、必要事項を入力すれば、いつでも見られます。手数料は1000円でクレジットカードの1回払いを使います。その他にも必要書類を持って、直接、信用情報機関に行って情報開示をしてもらうこともできます（手数料は500円）。

パソコンが使えなかったり、直接行くことができないという人は、郵送で必要書類を送れば教えてもらうこともできます。この場合は、1000円の定額小為替証書を郵便局で購入して同封します。

定年退職すると会社の「肩書き効果」は消滅する

これまで日本では、個人の「信用情報」が、それほど重要視されてきませんでした。個人の信用情報よりも、「どこの会社に勤めているか」が重要でした。会社名が書き込まれた「名刺」に信用力があったのです。

有名な会社に勤めていれば、銀座の高級クラブもツケが利きました。会社の名刺がID(identification・身分証)代わりだったからです。

ところが、大企業も相次いで不祥事を起こし、銀行も倒産する時代になり、大きな会社に勤めているからといって信用できる時代ではなくなりました。さらに、雇用の流動化が始まり、必ずしも一生涯その会社に勤めるとは限らないという状況になって、会社の肩書きという「信用力」は、ますます低下してきています。

すでに雇用が流動化しているアメリカでは、どこの会社に勤めているのかということは、信用力にならなくなっています。日本ではいまだに、「○○銀行で顧客担当をしています」と言えば、「もしかしたら、将来の頭取候補かな」と期待されて飯の一杯でも奢ってあげようとなるかもしれませんが、アメリカの銀行では、顧客担当のヒラ行員は、一生涯そのポスト。もし、出世しようと思ったら、銀行を辞めてビジネススクールやロースクールに通って特別な資格を取得しなくてはなりません。しかも、すぐクビになってみんな会社を転々としますから、どんな会社に勤めているかは、あまり意味を持たなくなっています。

そうした中で重要視されるのが**個人の信用情報**です。たとえば、クレジットカードの購買歴などは、会社で人を採用する時や銀行がお金を貸す時などに参考にされます。買い物をして、払うべきお金を期日にしっかり支払っているか、延滞はないかなど**クレジットヒストリーがチェックされ、延滞が多い人は「だらしない」「信用できない」と評価されます。**

日本でも「肩書き」が徐々に通用しなくなっているだけでなく、定年退職後は肩書きさえもなくなります。そうだとしたら、自分の「信用情報」は、チェックしてみる必要がありそうです。

第3章

定年前後「住宅」の裏ワザ

定年したら引越しを考える

定年退職後は、地方に移住したいという人もいらっしゃることでしょう。

サラリーマン生活をしていると、転勤族でもない限り地域格差はわかりませんが、細かく見ると**公共のサービスでも地域格差はかなりあります。**

そこで、**水道料金**から**医療、介護、住民税**まで、その差を見てみましょう。

北海道(夕張市)は水道料金が兵庫県(赤穂市)の約8倍!

まずは水道料金。多くの方が驚くのではないかと思いますが、自治体によって水道料金は最大8倍(!)も違います。

次の表は、公益社団法人 日本水道協会が調べた平成28年4月1日時点の、水道の家庭

水道料金の全国格差

水道料金が高い自治体		
1	夕張市（北海道）	6,841円
2	深浦町（青森県）	6,588円
3	由仁町（北海道）	6,379円
4	羅臼町（北海道）	6,360円
5	江差町（北海道）	6,264円

水道料金が安い自治体		
1	赤穂市（兵庫県）	853円
2	富士河口湖町（山梨県）	985円
3	長泉町（静岡県）	1,120円
4	小山町（静岡県）	1,130円
5	白浜町（和歌山県）	1,155円

※日本水道協会調べ・平成28年4月1日・家庭用20㎥あたり

用20㎥当たりの値段。驚くのは**兵庫県赤穂市の853円に対して、北海道夕張市はなんと6841円で、その差が5988円である**ことです。北海道の夕張市といえば、市が財政破綻したことで有名なので特別なケースと思われがちですが、実は6000円以上の自治体は少なくありません。

ちなみに同じ県内でも、水道料金格差は存在します。平成21年のデータですが、**同じ新潟県でも、糸魚川市と南魚沼市では、南魚沼市のほうが3倍以上、水道料金が高くなっています。**

なぜこれほどの差があるのかといえば、自治体によって水質や地形、利用できる水源などの自然要因と、水道管の老朽度や水利権の構造などのインフラ要因、人口密度や需要などの社会的要因が違うからです。

しかも、2018年年12月5日、水道民営化を含む水道法改正案が参議院でも可決され、海外の業者も参入することになったので、この格差はますます大きく広がる可能性があります。

国民健康保険の格差は最大6・2倍

地域格差があるのは、水道だけではありません。

国民健康保険の保険料も、全国一律ではありません。国民健康保険料は自治体によっても、払う人の収入によっても違いますが、同一県内で見ると1・5〜1・8倍の差があります。これを市区町村別に収入面で見ると、最大で6・2倍の格差があります。

国民健康保険の保険料については、厚生労働省では、平均所得者の「標準化指数」、中高所得者の「応能割指数」、低所得者の「応益割指数」という3つの指標を出しています。

これを県別に見ると「標準化指数」の格差は1・4倍で、最も高いのは徳島県の14万5

991円（年間。以下同）、最も低いのは埼玉県の10万1977円でした。「応能割指数」では1・8倍、「応益割指数」では1・7倍の差があります（2018年9月・厚生労働省発表）。

市区町村別で見ると、「標準化指数」では、最も高い北海道天塩町と最も低い北海道幌加内町では格差3・4倍。「応能割指数」では、最も高いのが沖縄県多良間村で、最も低いのが北海道幌加内町で格差8・3倍。「応益割指数」では、最も高いのが北海道苫前町、最も低いのが鹿児島県三島村で5・8倍の差となっています。

介護保険料の格差は最大3・1倍

介護保険の保険料も、住む地域によってかなり格差があります。この格差は将来的にさらに広がっていきそうなので、定年後に移住するなら、移住先候補地の介護保険の状況についてもチェックしておくべきでしょう。

たとえば、奈良県天川村は、8686円ですが、鹿児島県三島村は2800円と、その差は3・1倍（2015年～2017年度の65歳以上の高齢者が負担する介護保険料基準月額）。地域の介護保険制度を維持する財源は、国が50％、残り50％を保険の加入者の保険料でまかなっていますが、各自治体ではこの財源を基金として積み立て、高齢者が多くなってたくさんの人が介護を必要とするようになったら、不足分を徴収します。これによって介護保険料は高くなります。２０１５年の介護保険料の改定では、９割の自治体の介護保険料が上がり、この傾向はまだまだ続きそうです。

住民税も月１２００円程度の地域差がある

住んでいる自治体に納める住民税は、税率が一律10％（市町村民税＋道府県民税）になっているので、同じ所得の人なら払う税金はどこも同じだと思うかもしれません。けれど、住民税は前年の所得金額に応じて課税される「所得割」と呼ばれる税金と、一定以上の所得がある人が全員同じ額を払う定額の「均等割」の合計で決まっており、「均等割」には地域差があります。たとえば、**最も高い宮城県と、最も低い北海道、青森県、埼玉県、東京都などを比べると、月１２００円の差があります。**つまり、宮城県に住む人は、東京都に住む人と同じ年収、同じ家族構成でも、月１２００円多く、住民税を支払う必要があるのです。

50歳から最も住みたい街はどこ？

ただ、将来的に住むところは、公共料金や保険料、税金だけでは選べない部分ももちろんあります。高齢化が進む中で、医療や介護を中心として『日経グローカル』が２０１６年に公開した**「シニアにやさしい街　総合ランキング」**を見ると、レベルが高い自治体のベスト５は、**（１位）東京都板橋区、（２位）栃木県小山市、（３位）東京都新宿区、（４位）東京都荒川区、（５位）石川県能美市**でした。逆にワースト５は、（１位）山口県萩市、（２位）福島県本宮市、（３位）徳島県阿波市、（４位）千葉県茂原市、（５位）北海道三笠市でした。

一方、『田舎暮らしの本』（宝島社）が発表した「50歳から住みたい地方ランキング（２０１６年）」の１位は福岡県北九州市。同市は、20年ほど前からシニア世代を意識した街づくりをしていて、住居、病院、介護施設が充実しているだけでなく、お試し移住など、移住する方のフォローにも力を入れているのが評価された理由です。２位は新潟県新潟市、高知県高知市でした。移住するならこうしたデータも参考にしてみましょう。

海外移住するなら退職年の12月がトク

「定年退職後は海外に移住したい！」という方もいらっしゃるでしょう。人気なのが、フィリピンやマレーシア。２人で月10万円くらいで生活できるので、夫婦で20万円の年金なら、65歳から5年間暮らしただけで６００万円、75歳まで住めば１２００万円貯金できます。ただ、**海外で暮らすとしたら、語学や気候、食事や環境などのほか、金銭面でも気をつけなくてはいけないことがいくつかあります。**

医療費をチェックする

海外に移住するなら、国民健康保険を脱退して現地の保険に入ることになります。この時、海外は日本ほど至れり尽くせりの保険ではない可能性があるので、しっかりチェックすることが必要です。また、日本にはない、現地特有の病気などもあるので、あらかじめそれに対応できる病院や、かかる治療費などもチェックすることが必要です。

すぐに自宅を売却しない

日本にある持ち家は、海外生活に慣れて日本に帰らないことがはっきりするまで売らないようにすることです。海外移住する人の中には、ストレス過多になったりホームシックになったりする人がたくさんいます。そんな時、**戻りたいと思っても、日本に住む場所がないと金銭的に困窮します。**

たとえば海外に移住するなら、海外にはコンドミニアムなど家賃が安いところもあるので、日本の一戸建てを月10万円で貸して、海外のコンドミニアムを月5万円で借りるのはどうでしょう。フィリピンやタイなどでは、月5万円出せば、広い部屋が借りられます。

そうしてとりあえずロングステイで現地に何ヶ月か暮らしてみる。できれば1年住んで、四季を経験してみましょう。そうすれば、移住後の生活の予想もつきやすくなります。

日本の年金をしっかり受け取る

海外移住しても、日本の公的年金はもらうことができます。

日本では、10年以上公的年金に加入していれば、年金の受給権が発生するので、移住するまでの間に10年以上年金に加入していたら、年金を受け取れます。ただ、会社で確定拠出年金に加入していて、55歳で早期退職して海外移住する人などは少し面倒です。普通の退職金だと、退職と同時にもらえるケースが多いですが、確定拠出年金は、一部の例外をのぞいて、60歳になるまで積み立てたお金を引き出して使うことができませんので、退職金を移住の資金にあてこんでいる人はこれに注意してください（ちなみに日本では60歳までは年金加入義務がありますが、55歳で早期退職し、海外に移住するなどという場合には、55歳でも加入義務がなくなります）。

住民税を安くする裏ワザがある！

人材派遣会社、パソナグループ会長の竹中平蔵氏が、慶應義塾大学教授になる前の1993年～96年の4年間、海外移住により1月1日に住民票が海外にあったことから「脱税目的ではないか？」と週刊誌で騒がれたことがありました。というのは海外移住で住民票を国内から海外に移した結果、**1月1日に日本に住民票がなければ、日本の住民税は支払わなくてもいいという抜け穴がある**からです（後の裁判で竹中氏は、脱税目的ではないということになっています）。この一件で、1月1日に日本に住民票がなければ住民税を支払わなくてもいいということは、多くの人に知れわたりました。

ですから、移住を考えている人の中には、退職金をもらった年の次に迎える1月1日より前に海外に住民票を移して節税するという人もいるようです。**1年以上海外に在住する人はこの裏ワザもお忘れなく**。

ただし家を持っていたら、海外移住しても固定資産税は支払わなくてはなりませんので、これは知っておきましょう。

自宅を「売る」「貸す」はどっちがトクか？

海外や国内で移住する場合、それまで住んでいた家を「売る」のか「貸す」のかは、大きな問題です。そこで「売る場合」と「貸す場合」のメリット・デメリットを見てみましょう。

自宅を「売る場合」「貸す場合」のメリット・デメリット

家を売るメリットは、なんといってもまとまったお金を手にできることです。しかし、**これからは全国に空き家が激増しそうなので、中古物件を売るのは大変になりそうです。**よほどのことがないと、希望の価格は維持できない可能性があります。買ってからまだ日が浅く、住宅ローンが残っている物件だと、売却しても住宅ローンだけが残る可能性もあるので、このあたりはデメリットになるでしょう。

一方、売らずに「貸す」場合はどうかといえば、第一のメリットは、なんといっても「家」という資産を持ち続けられることで、借り手がいるうちは一定の賃料が入ってくるということでしょう。この**家賃収入は、老後の年金代わりになります。**

一方、デメリットは、家を持っている間は固定資産税や、不動産業者に管理手数料を支払わなくてはならないことです。マンションの場合には、修繕積立金、管理費など、維持管理コストもかかってきます。またトイレや風呂、キッチンの水回り、エアコンなどの設備が老朽化した場合には、大家としてその都度、直さなくてはならないことからお金がかかります。空室が続くと、予定した賃料が入らない可能性もありますし、他人に長く貸せば貸すほど、資産価値が下がる可能性も出てきます。

実際にシミュレーションして考える

売ろうか、貸そうか迷う場合には、具体的にシミュレーションしてみるといいでしょう。

自宅がいくらくらいで売れるかは、周辺の同じような立地、同じような家が、いくらくらいで売れたか、売りに出されたかを知ると参考になります。

たとえば、国土交通省の「**土地総合情報システム　不動産取引価格情報検索**」を使うと、マップから、自分の家の近辺で取引があった土地や家屋の相場を見ることができます。「**アットホーム**」など、不動産業者の売り出し価格や貸し出し価格が検索できるサイトでも、自宅周辺の物件を検索することで、おおよその価格を推察することができます。ただし、不動産業者の売り出し価格は、必ずしも売れた価格とは限りません。実際に売れる価格は、売り出し価格の1〜2割安というのが相場なので、金額は1〜2割差し引いて考えます。

貸す場合のシミュレーションをするなら、賃料もさることながら、物件の空室率や賃貸需要の動向なども気にしたほうがいいでしょう。生きた情報を知るなら、周辺の不動産業者に状況を聞くのがいいですが、ネットでも「ライフルホームズ」の「**見える！賃貸経営**」のような、不動産投資用サイトで、地域の空室率、賃貸需要の状況、価格動向などを見るのも参考になります。

査定してみよう

住んでいる家の「売る」「貸す」の価格は、周辺価格からおおよその推察ができますが、ただ、土地や建物というのは、一つひとつ価値が違います。

たとえば、高級住宅街のど真ん中にある大きな家でも、公道に接する敷地の間口が2m未満だと、「再建築不可物件」といってリフォームはできても建て替えができないことがよくあります。そうなると、売る場合も貸す場合も、相場より安くなってしまいます。

あるいは古い物件だと、建て替えはできても、セットバック（建築基準法では、幅が4m以上ないと「道路」と認められないため、建て替えの際、道路の幅を確保するために家を後退させなくてはならない）のケースも出てきます。その場合、立て替えた後の家は狭くなり、こちらも相場より安くなってしまいます。

ですから、**売る場合も貸す場合も、まずは不動産業者に現状の家を査定してもらい、状況をつかむことを優先させるようにしてください**。この時、査定は1社ではなく、複数の不動産業者にしてもらったほうが、リアルに相場がわかるのではないかと思います。

退職金《キャッシュ》で家を買ってはいけない

それまでは社宅暮らしをしていたので、定年退職したら「退職金で家を買おう」という方もいらっしゃるかもしれません。けれど退職金は老後の大切な虎の子。本当に家を買ってしまっていいのでしょうか。その前に、考えたいことが3つあります。

定年後に家を買うなら考えるべき3つのこと

①ずっとそこに住み続けるか

定年退職後は、今までのようにずっと同じ会社に勤める生活ではなくなります。1つの仕事を続けるとは限らないし、年老いた両親の面倒をみたり、子どものそばで暮らすという選択もありかもしれない。さらには80歳の声を聞くと、介護施設という選択も出てきます。**定年退職後の人生は、かなり流動化する可能性があります。**そうだとしたら、家を買ってそこから動くことができない生活というのは、かえって不便になるかもしれません。

②自分より先に家が老朽化しないか

退職金で新築住宅を買うのは価格的に難しく、中古住宅を買う選択になることも多くあります。ただ日本では、住宅の寿命は30年から40年といわれており、人生100年時代に、仮に築10～20年の物件を買うとすれば、**自分よりも家のほうが先に老朽化するかもしれません。**

③老後資金が足りなくならないか

なけなしの退職金で家を買うと、**老後資金が足りなくなる可能性があります。**しかも、年月がたてば、家は様々なところをリフォームしなくてはならないので、リフォーム代もかかってきます。このお金がないと、家を買っても快適には過ごせません。

地方では、3万円くらいで駐車場つきのアパートが借りられますし、都心でも公営住宅なら２Ｋで３万円前後という物件はいくつもあります。１２００万円の家を買うと、20年の間に固定資産税その他で、合計１５００万円以上かかりますが、３万円の賃貸物件なら、65歳から85歳まで20年間住んでも、家賃だけなので８００万円前後。こう考えると、退職金で無理に家など買う必要はないのではないでしょうか。

住まない「親の家」はすぐ売りなさい

不動産は近々、3つの大きな下落局面を迎える可能性があります。**その下落局面は、2019年、2020年、2023年です。**だとしたら、住まない親の家は、今すぐ処分したほうがいいでしょう。

不動産の下落局面

①2019年――外国人の売りが増える

2018年9月現在、世界的に不動産価格は下落しています。イギリスのロンドンでは、EU離脱でシティが地盤沈下するのではないかという憶測から住宅価格が下がっており、ニューヨークでも住宅価格が上がり過ぎたことや金利の上昇から価格が反転しています。

中国からの投機資金で上がっていたシドニーやメルボルンの住宅価格も、過熱が収まったことで反転しています。

実は日本でも、2013年にアベノミクスが始まってから、都心を中心に中国人がマンションなどを買い、値上がりが続いていましたが、**日本では買った後、5年で売れば税制面で有利なので、この売りが2019年から出てくるのではないかといわれています。**

しかも、前述のように世界の大きな都市で住宅価格が下がっているので、利益を確定したい中国人の動きは活発化することが予想されます。これを業界では「2019年問題」といって、不安視しています。

②2020年――オリンピックが終わる

オリンピックが終わると、日本は不況に突入しそうです。そもそも、オリンピックが終わると、多くの国は景気が悪化しています。ギリシャのように、オリンピックの開催が原因で経済破綻した国もあります。

今までオリンピックが終わっても景気が悪化しなかったのは、1996年のアトランタオリンピック（アメリカ）の時くらい。この時は、開催前年にWindows95が世界的に発売になったので、インターネット革命の威力で景気が底上げされました。

けれど今の日本には、こうした成長戦略のシナリオはゼロ。カジノ不況で2016年には、アメリカ第二のカジノリゾート、アトランティックシティーにトランプ大統領が建てた「トランプ・タージマハル」でさえ閉鎖している中、「カジノが成長戦略」などと寝ぼけたことを言っているのは日本だけです。

オリンピックという一大公共投資は、規模が大きいだけに需要の先食いをします。森トラスト社長も、「五輪後に経済の〝崖〟が来る」と言っていますが、不動産業界の方がそうおっしゃるなら、間違いないでしょう。

③2023年——黒田日銀総裁の退陣

2023年は、黒田日銀総裁の「やりっぱなしの金融政策」が、ご本人の退陣で強制終了となる可能性があります。日銀が株式市場の筆頭株主になったことで、マーケットが正常さを失うとともに、債券を買いあさったことで債券市場も脳死状態。先述した通り、銀行が利益を上げられずに瀕死の状態に追い詰められています。それでも、**出口の見えない金融政策を続けているのですから、不動産価格についてもどこかで破綻する可能性があり**

ます。その引き金となるのが、黒田氏が退陣するこの2023年かもしれません。

一人っ子と一人っ子が結婚したら家が1軒余る

以上、3つの不況要因に加えて、**日本はこれから猛烈な人口減少に見舞われます。**すでに一人っ子が当たり前になっていますが、一人っ子と一人っ子が結婚したら、家が1軒余ります。過疎化も進み、都心でも空き家が増えていきます。

しかも、前述したような景気後退しかねない3つのリスクがやってくるなら、今後、住む予定のない親の家は、できるだけ早く処分したほうがいいでしょう。

もちろん、現在親と一緒に住んでいる人は、次にご紹介しますが税金面でのメリットがありますし、親の家が立地条件のいいところにあって、将来的にはそこに引っ越すつもりなら、急いで売る必要はありません。けれど、もしそうでないなら、早めに対応したほうがいいかもしれません。

高齢の親とは同居がトク！

親と同居すると、親の家を相続する時に、相続税が安くなります。

これは、「**小規模宅地等の特例**」というもので、親と一緒に住んでいると、この特例により、家の敷地面積330㎡までは、**土地の税金の評価が80％減額**されます。330㎡といえば100坪ですから、かなり大きい物件でもオーケーです。

税金1670万円が一緒に住めば0円になる！

たとえば父親が家と土地を持っていたとします。土地は評価額が坪100万円で100坪（約330㎡）だとしたら1億円。土地の上に建つ建物は評価額1500万円だとすると、合わせて1億1500万円です。

これをひとり息子が相続すると、父親と同居していない場合には、相続税1670万円をキャッシュで納めなくてはなりません。

けれど、もしこの息子が父親と同居していると、事情は変わってきます。前述の「小規模宅地等の特例」により土地の評価額が8割引の2000万円になるからです。この場合は、土地価格2000万円に家屋の1500万円を足した3500万円を相続することになります。これを息子ひとりが相続する場合、基礎控除が3600万円あるので、それを差し引けば課税遺産は**ゼロ**になり、**税金を支払わなくてもよくなるのです！**

「家なき子」も8割引に

税金が安くなる条件は「同居」ですが、住民票だけ移してこの恩恵にあずかろうというのはダメ。税務署は徹底的に調査しますから、本当に同居していなくてはいけません。また同居が認められたとしても、親が亡くなった後、家をすぐ売却するというのもダメ。10ヶ月の申告期限以上は住み続け、持っていなくては一時的な同居とみなされ、特例に該当しなくなる可能性があります。

ただし親に配偶者も、同居する相続人もいなかった場合、**3年以上、その（自分や親族の）持ち家に住んでいない親族が相続しても、8割引の特例が使えることがあります。**税理士業界ではこれを「**家なき子特例**」といいます。ただしそう簡単にこの特例が使えるわけではありません。これについて説明するとかなり長くなってしまうので、興味のある方は、最寄りの税務署で聞いてみてください。

同居するなら二世帯住宅にリフォームする

同居するならお互いのプライバシーが守れるように、二世帯住宅にしたいという人もいらっしゃることでしょう。

二世帯住宅の場合には、互いの住居が上と下にあっても同居とみなされるので、先の「小規模宅地等の特例」が使え、土地については相続した時に8割引の評価になります。

従来の二世帯住宅では、家の中で親子が行き来できることが必要でしたが、平成26年からは、建物内で行き来できない完全分離型の二世帯住宅でも、この特例が適用されるようになりました。ただし、親と子で区分所有登記をしてしまうと、この特例は使えなくなります。

嫁にいかない娘も一緒に住む「2・5世帯住宅」も登場

入口が別で、キッチンも風呂も別、建物の中で親と子が行き来できるようなドアもないというのが、完全分離型の二世帯住宅です。

旭化成ホームズ「二世帯住宅研究所」の調査によると、完全分離していない二世帯住宅よりも完全分離型のほうが、同居の満足度は高いようです。共有部分がある二世帯住宅の満足度も、66・3％とそれなりに高いですが、完全分離型だと、この満足度が93・6％とさらに上がります。夕食も別、風呂も別、玄関もリビングも別で、完全にそれぞれの暮らしが別になっているところがいいのだそうです。

ちなみに、共有部分がある二世帯住宅では、「同居する母を見かけない日がある」は11％、「3日以上見かけない」は3・7％。一方、完全分離型では「見かけない日がある」が66・9％、「3日以上見かけない」は35・9％になっています。後者は、必要な時に交流すればいいと考えているため、ストレスが溜まりにくいのでしょう。

完全分離型の二世帯住宅は、仮に親世帯が老人ホームに入居したり、亡くなったりしたら、空いた部屋をアパートとして他の人に貸すこともできます。そうなれば、老後の収入を確保することもできます。

ちなみに今は、「**2・5世帯住宅**」という、結婚しないもうひとりの子どもとも一緒に住める住宅もあって、これはこれからますます増えそうです。

土地は2つに分けると節税できる

親が土地を持っていると、相続が心配な人も多いことでしょう。ちなみに土地の評価額は、どんな道路に面しているかで変わってきます。国税庁では毎年7月から8月に、その年の1月1日時点の主要な道路に面した土地1㎡あたりの土地価格を公表しています。この価格は「**路線価**」と呼ばれ、贈与税や相続税の計算に使われます。

では、1つの土地が2つの道路に面していたら、この路線価はどうなるか。たとえば、次のように道路2つに面する土地の場合、贈与税や相続税の計算には高いほうの路線価が使われます。つまり、A、Bの土地はともに2億円と評価され、これを兄弟2人が相続すると、相続税は1人1670万円。**けれどこの相続税を安くする方法があります。それは土地を図のように2つに分けること。**こうすると土地の評価額は1億5000万円になり、相続税は1人920万円と、1人750万円も安くなります。

土地を２つに分けて節税する

これらの土地はどちらも２億円と評価される

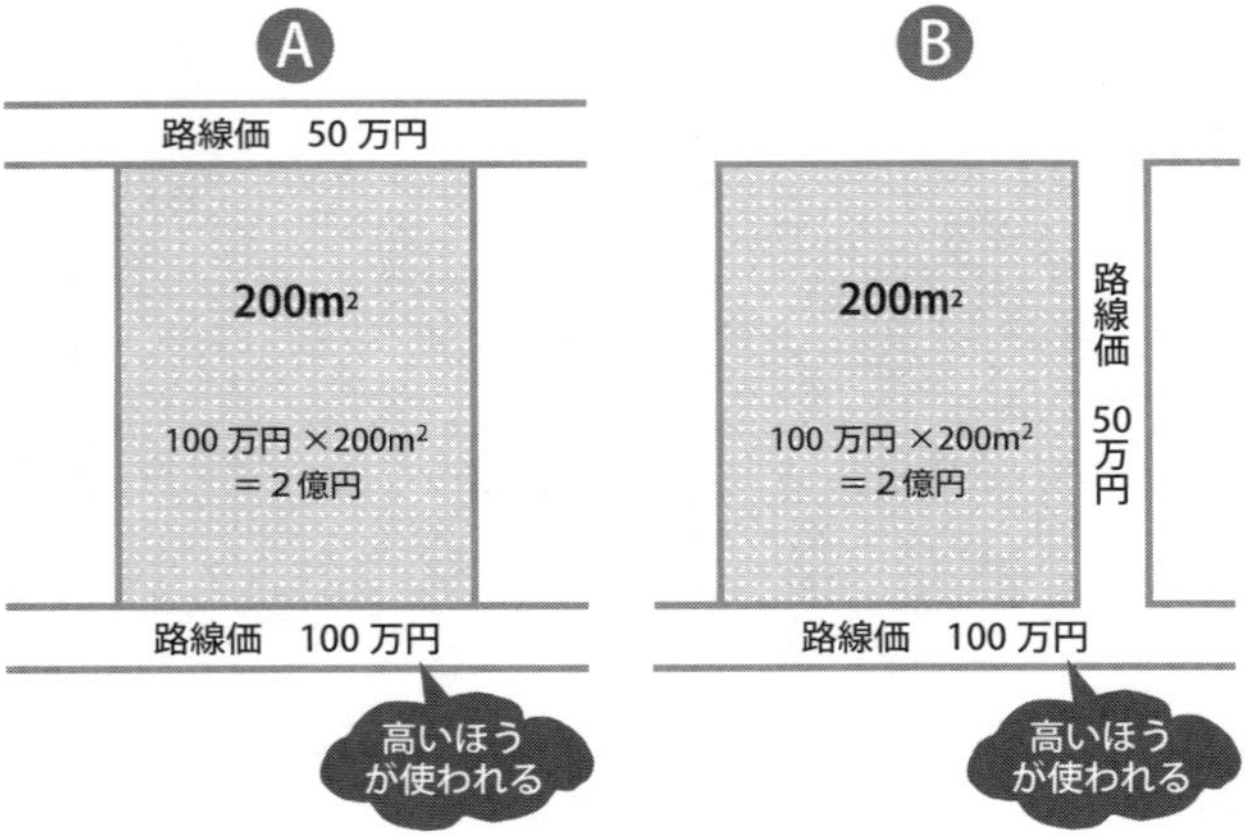

２つに分けると評価額は 5000 万円下がる

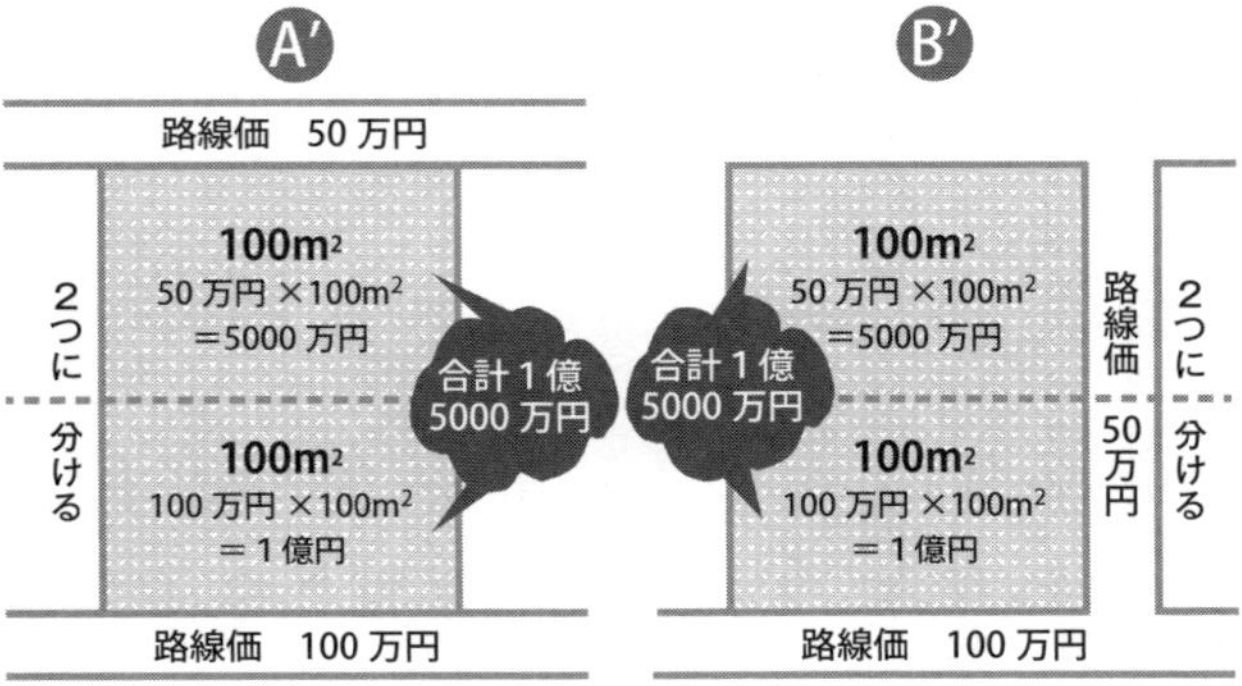

第4章

定年前後「保険・年金」の裏ワザ

生命保険は「死亡保障」を減らす

子どもがみんな社会人になっているのに、自分の生命保険に大きな**死亡保障**がそのまま、という人がいます。そういう人は、**死亡保障**をできるだけ小さくして、浮いた保険料を貯金に回したほうがいいでしょう。

生命保険というと難しいからと、外交員にお任せにしがちですが、実は、**生命保険の保障の基本は2つだけ。「死んだ時に死亡保険金が出る死亡保障」と、「病気で入院（あるいは通院）した時に給付金が出る医療保障」**です。

この2つの保障は、1年ごとの掛け捨てです。ですから、どんなに大きな保障でも、その年に自分が死んだり入院したりしなければ、払った保険料は、死亡や入院をした人に渡されて終わります（予定より死亡者や入院をする人が少なければ、配当金の形で加入者にお金が戻される保険もあります）。ですからしくみとしては、みんなでお金を出し合って、当たった人がそのお金を総取りするクジのようなもの。

ただ、このクジに当たるというのは、決してめでたくはないので、私は「**生命保険は不幸クジ**」と言っています。

定年前後の死亡保障は夫婦で話し合う

ところでみなさんは、なぜ、死んだらお金が出ないと困るのでしょうか。それは家族がいるからだと思います。でも、そうだとしたら独身の人は、死んでからお金が出ても自分では使えないので、死亡保障は両親を養っている人でなければ必要ないことがわかります。

あるいは定年後、ご主人が亡くなった時、奥さんはどうしても困ったら働きに出たり、その後、再婚することもあるかもしれない。こちらもなんとか自分でやっていけそうです。

このように考えると、**子どもが大学を卒業して社会人となり、自分で稼ぐようになったら、もう生命保険の死亡保障は必要ないことがおわかりいただけると思います。**

もちろん奥さんが病弱だとか、両親の暮らしを背負っているとかという人は、引き続きそれなりの保障が必要です。でもそうでなければ**バッサリと保障を削るという選択**もあります。

50歳になると、死亡確率が上がるので、保険料は上がります。安いネット保険でさえも、死亡時に3000万円が出る保険に60歳まで入ると、150万円近い保険料を支払うことになります。この保険に入っていれば、50歳から60歳の間に亡くなれば3000万円の保険金をもらえます。ですがもし元気であれば、150万円は「貯金したほうがよかった！」ということになります。

ですから定年前後、死亡保障をどうするかについては、一度、夫婦一緒に考えてみるのがオススメです。

高い医療保険は解約する

「病気になったらお金がかかる」

そう思い込んでいる人は多いようです。

それで山ほど保険に入ってしまうのですが、**そもそも日本は国民皆保険なので、病院で治療を受けてもそれほどお金はかかりません。**

たとえば入院して月１００万円かかっても、３割負担なら30万円の自己負担で済みます。

しかも医療費が一定額以上を超えたら、超えた分を払い戻してくれる「**高額療養費制度**」もあります。入院で月に１００万円の医療費がかかると自己負担が３割の場合、月30万円かかると思うかもしれませんが、一般的な収入（年収約３７０万～約７７０万円）の人の場合、高額療養費制度を使えば自己負担は８万７４３０円になります。

この高額療養費制度は、収入に応じて負担が変わり、70歳未満は5段階になっています。

ちなみに年収が約370万円を下回るなら、どんなに医療費がかかっても月5万7600円で収まります（しかも4ヶ月目からは4万4400円に下がります）。住民税非課税者は、これよりもっと安くなります。

70歳以上はさらに負担が軽くなる！

70歳以上になると、リタイアした人（年収約370万円未満）の場合、どれだけ医療費がかかっても自己負担は5万7600円になります。住民税非課税世帯（年収約80万円以下）なら、月額1万5000円です。

しかも**高額療養費制度では、「世帯合算」といって、同じ保険に加入していれば、夫婦合わせて高額療養費制度を申請することもできます。**

たとえば、80歳近い夫婦が入院し、それぞれ100万円の治療を受けて200万円かか

高額療養費制度のしくみ

100 万円の医療費で窓口負担（3割）が 30 万円の場合

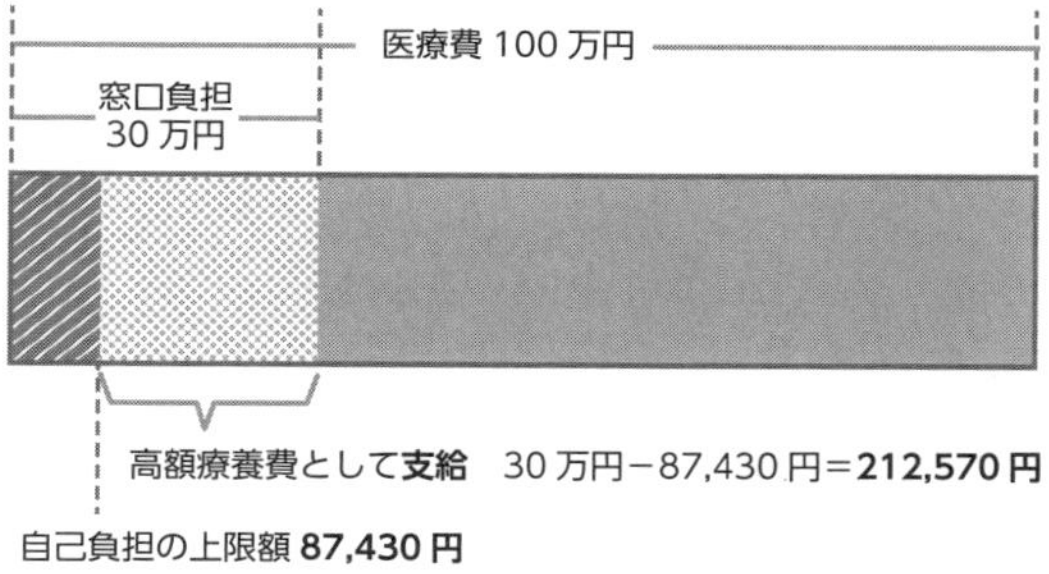

212,570 円が高額療養費として支給されるので
実際の自己負担額は 87,430 円になる

ったとしても、世帯合算して高額療養費制度を使ったら、自己負担は一般的に２人合わせて５万７６００円でいい。

加えて**入院が長引いた場合、４ヶ月目からは２人でそれぞれ１００万円の治療を続けても、４万４４００円しかかからない**となると、果たして健康保険と別に入る一般の保険は、そこまで高額な手厚い保障がいるでしょうか？

「三大疾病特約」はいらない!?

生命保険に加入する時、みなさんが「念のため」とつけることが多いのが「特約」です。この特約はたくさんつけたほうが、なんとなく安心感が増すような気がします。でもこれをたくさんつけるということは、その分「特約保険料」が上乗せされるということです。

では、人気の「**三大疾病特約**」はどうでしょう。ここではこれを考えます。

「がん」「脳卒中」「急性心筋梗塞」でも必ず支払われるとは限らない!

日本人の病気の上位を占めるのが、「がん」「脳卒中」「急性心筋梗塞」。この3つのどれかになったら保険金が出るというのが「三大疾病特約」です。

ただ**どんな状況でも、この3つの病にかかったら保険会社からお金が出るということで**

はありません。「がん」については、皮膚がん、上皮内がんなどは保障対象から外れるケースが多く、「脳卒中」では、くも膜下出血、脳内出血、脳梗塞と診断された場合に限り支払われます。また、「心筋梗塞」は「急性の狭心症」と診断された場合でも、最初に医者が診断をしてから60日間以上、まともに働けない状況が続かないと支払われません。

平成17年の厚生労働省「患者調査の概況」では、心筋梗塞（心疾患）の平均入院日数は27・8日。脳梗塞（脳血管疾患）だと、平均101・7日です。入院の内訳を見ると、15歳から34歳までは平均入院日数が41・3日、35歳から64歳までは58・7日で、いずれも60日以下になっています。つまり「脳梗塞」や「急性心筋梗塞」になっても、60日制限があると、給付の対象から外れる可能性があるということです。

もちろん保険は確率の問題なので、こうした厳しい条件をくぐり抜けて給付される可能性もあります。ですが、**以前起きた保険金不払い問題の中で、不払いが多かったのががん保険特約や三大疾病特約でした。**特約がついているにもかかわらず請求していない人が多いとしたら、ムダな特約保険料を払い続けていたということです。みなさんが加入している保険も定年を機に見直してみてはどうでしょう。ムダな特約がついていませんか？

「持病があっても入れる保険」「高度先進医療保険」もいらない!?

日本には「高額療養費制度」があるので、医療費負担が安いということを書きましたが、それでもなんとなく心配だという人はいるようです。

そこで最近、さかんにCMで流れてくるのが「持病があっても入れる保険」。高齢になればなるほど持病を持つ方が増えてくるので、これはそうした方のハートをがっちりとつかんでいるようです。**でも、本当におトクなのでしょうか？**

保険は「本当に必要か」を考える

会社にもよりますが、普通の保険だと保険に入る時、医師の診断や細かな告知が必要で、ここで病気が見つかると、保険に入ることができないケースも出てきます。

けれど「持病があっても入れる保険」は、総じて簡単な告知で入れます。たとえばオリックス生命の「新キュア・サポート」の場合、次の4項目がすべて「いいえ」なら、申し込めます。

①最近3か月以内に、医師から入院・手術・検査のいずれかをすすめられたことがありますか。または、現在入院中ですか
②最近3か月以内に、がんまたは上皮内新生物・慢性肝炎・肝硬変で、医師の診察・検査・治療・投薬のいずれかをうけたことがありますか
③過去2年以内に病気やケガで入院をしたこと、または手術をうけたことがありますか
④過去5年以内に、がんまたは上皮内新生物で入院をしたこと、または手術を受けたことがありますか

これを見ると、普通の生命保険より条件がゆるい気がしますね。

ちなみにこの手の保険は、**普通の保険に比べて保険料が高く、通常の保険の1・5倍から2倍の保険料**になっています。しかも、保険料は年齢が上がれば上がるほど高くなり、

支払削減期間とは？

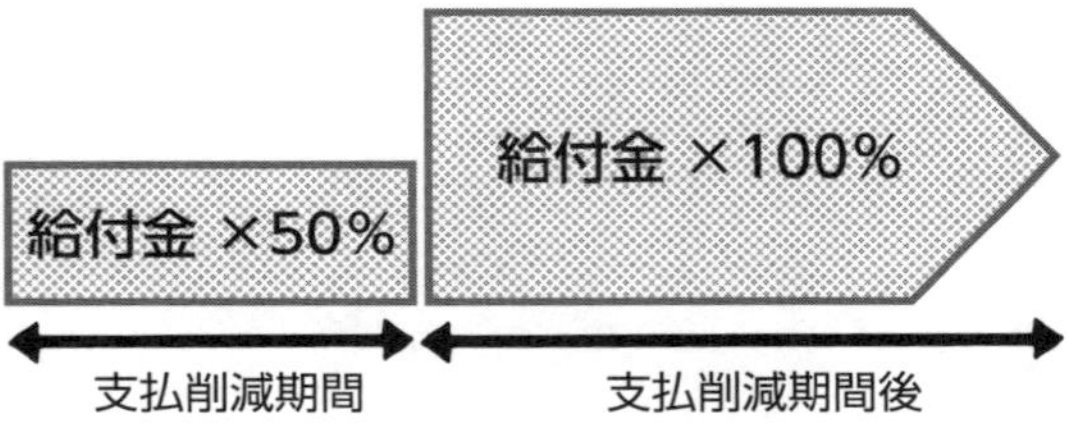

60歳で加入、1日1万円の入院給付金をもらうとすると、安いネット保険でも保険料は月額1万3000円くらいになります。

でも、**加入したからといって、すぐに満額の給付金が保障されるわけではありません。**「支払削減期間」が設けられている保険もたくさんあります。

公的保険が利かない「高度先進医療」は本当に必要か？

日本の健康保険が優秀で、お金がかからないようになっていることは先に詳しく書きました。けれど心配なのは、公的な保険が利かない治療の場合、多額のお金が必要になるのではないかということかもしれません。
たとえばがんの陽子線治療や重粒子線治療などは、300万円前後かかります。こうした治療を全額自己負担で行うとなると大変です。こうした費用については、どう考えればいいのでしょうか。

現在、がんの治療をしている人は全国に150万人ほどいます。そのうち陽子線治療や重粒子線治療を受けているのは5000人弱。つまり、がんになってもこうした治療を受ける確率は、0・3%程度というわけです。
ただ、多くの人がこうした治療を受けるようになると、これらの治療もいずれは健康保険の対象になる可能性があります。たとえば、2016年4月からは骨軟部がん、2018年4月からは前立腺がん、頭頸部がんに公的医療保険が適用となり、重粒子線治療が健康保険で受けられるようになりました。

また、2018年4月からは、100万円かかるといわれている内視鏡手術支援ロボット「ダヴィンチ」による、胃がんや食道がんの施術を含むいくつかの手術も、保険適用となっています。さらには1回の治療が3００万円、年間35００万円がかかるといわれるオプジーボ（がん治療薬）にも保険適用されるものが出てきています。

その他、平成27年度「先進医療技術」の実績報告を見ると、利用者が最も多い「多焦点眼内レンズを用いた水晶体再建術（白内障）」（9877人）の平均技術料は約54万円。2番目に多い「前眼部三次元画像解析」（7788人）は、約38００円となっています。

つまり、健康保険適用になっていないがんになってしまった場合は大変ですが、こうしたがんになる確率は低いと言えるわけです。

ちなみに、高度先進医療特約は、特約料金1００円ほどで2０００万円の治療ができるということは、現状、ほとんどの人がこれを使っていないということでしょう。

保険で貯金はあきらめなさい

定年退職が近いなら、新規で貯蓄タイプの保険に加入するのはやめてください。なぜなら、貯蓄を目的に保険に加入しても、今は戻るお金がほぼ増えないからです。**保険の保障は基本、掛け捨てです。**でもこう言うと、「私の保険はお金が戻ってきます」と言う方がいらっしゃいます。しかしそれは、「死んだ時」や「病気になった時」の掛け捨ての保障料に「貯金」をセットしているだけの話です。

これからは保険で貯金は意味なし！

保険の貯蓄部分の利回りは「予定利率」といわれ、次の図のように、保険に加入した時期で違います。

国内生命保険会社の予定利率の推移

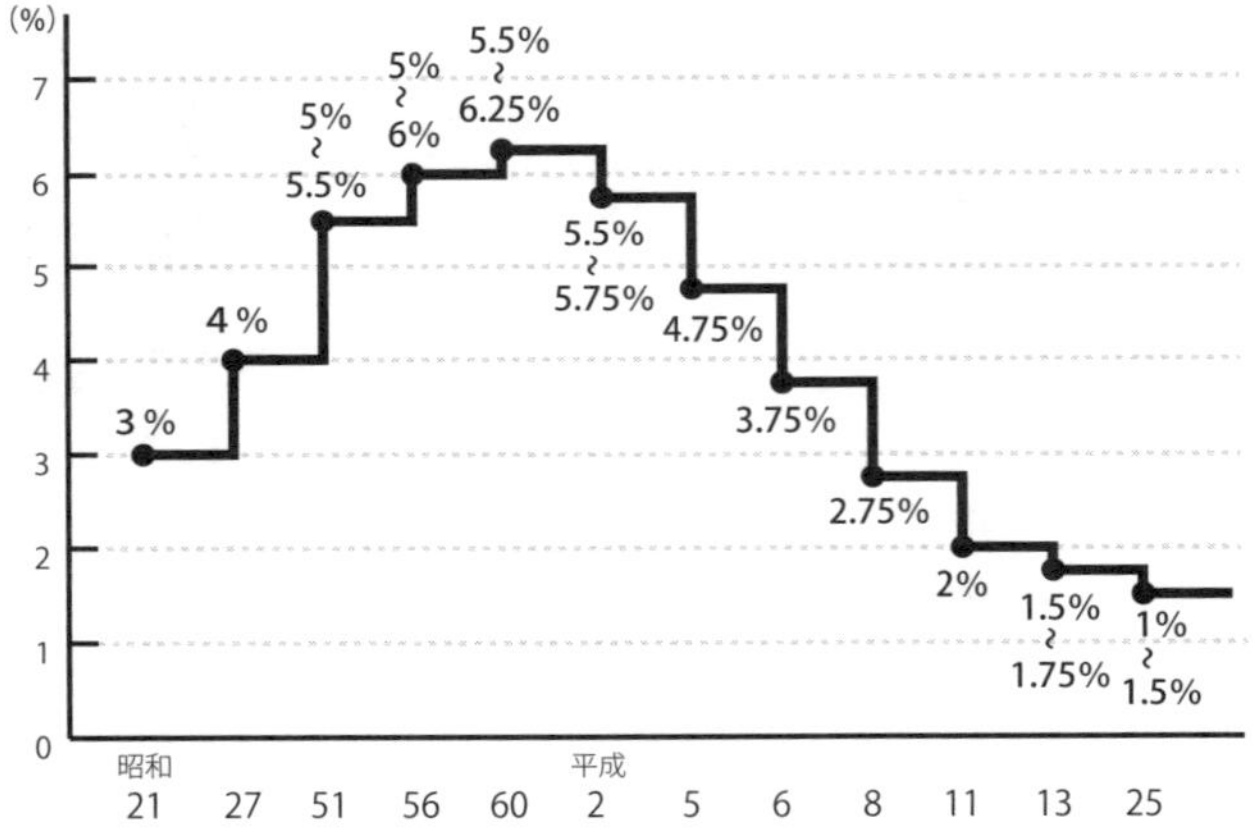

※平成25年4月2日より保険料値上げ　※変額保険や一時払保険は除く
※商品によって多少の差があります

たとえば、今から25年以上前（平成5年4月1日以前）、貯蓄型の保険に加入した人は、今のような超低金利の時代でも、保険の貯蓄部分は5・5％という高い利回りで運用されています。

けれど、これから加入する人の運用利回りは1％前後！　1万円の保険料を支払っても、その中から保障の代金や経費などが差し引かれ、残りが1％で運用されるだけなので、**増えるどころかまず元はとれません**。今後、たとえ高金利になったとしても、加入時の利回りは最後まで続きますから、これからは、保険で貯金はやめたほうがいいでしょう。

「iDeCo《イデコ》」なんておやめなさい

最近、何かと宣伝されている「iDeCo（イデコ）」。金融庁が旗振り役になって一生懸命宣伝しているので、興味を持っている人も多いでしょう。「iDeCo」というのは、60歳までの間に、毎月一定の掛け金を出して、投資信託や定期預金、保険などの金融商品を買って積み立てていくもの。「iDeCo」のメリットは主に次の3つです。

- **掛け金が全額、所得控除になるので、所得税・住民税が安くなる**
- **運用期間中に得た利益に税金がかからない**
- **60歳で積み立て金を受け取る時、「退職所得控除」「公的年金等控除」を受けられる**

でもメリットばかりに目を奪われてはいけません。デメリットも把握するべきです。

「iDeCo」5つのデメリット

「iDeCo」については、金融機関の窓口に行っても、デメリットを詳しく説明していないケースが見受けられます。そこでここでは「iDeCo」の5つのデメリットについて見てみましょう。

・投資信託などリスク商品で積み立てた場合は、最終的にマイナスもありうる
・手数料が高いので、定期預金の積み立てだと今の低金利下では確実にマイナスになる
・預けた金融商品が、60歳になるまで引き出せない
・加入時期によっては、60歳になっても引き出せない
・途中で金融機関は変えられるが、手続きがかなり面倒でお金がかかる場合がある

中でも一番大きなデメリットは、「**60歳まで引き出せない**」ということです。

自営業者に「60歳まで引き出せない死に金」は辛い！

「ｉＤｅＣｏ」に加入する一番大きなメリットは節税。でもサラリーマンで、節税しなくてはならないほど儲かっている人はそう多くはないでしょう。専業主婦も収入そのものがないので、節税したくてもできません。

ですから、最もメリットが大きいのは、節税しなくてはならない（ほど儲かっている）自営業者か、平均年収が約７００万円以上のサラリーマンや公務員。

でも、たとえば自営業者が全員加入したほうがいいのかといえば、これもそうではありません。自営業者の場合、60歳までずっと儲かり続けているという人はまれで、儲かる時もあれば儲からない時もある。中には、事業がうまくいかなくなることもあるでしょう。

そんな時**「あのｉＤｅＣｏの500万円があれば、なんとか急場をしのげる」という状況になっても、「ｉＤｅＣｏ」は、60歳まで引き出せないので苦しくなります。**

「iDeCo」には手数料がかかる

もし、自営業者が節税したいなら、「iDeCo」よりも、**「小規模企業共済」**のほうが使い勝手がいいでしょう。

「小規模企業共済」（年84万円まで積み立て可能）は、「iDeCo」同様、積み立てた金額すべてが税金の控除対象になりますし、「iDeCo」と違って、自分が預けたお金を担保に、預けている額の7～9割の借り入れをすることもできます。

また、「iDeCo」は手数料が高く、預けている間は年間2000円から7000円（金融機関による）の手数料が毎年引かれていきますが、「小規模企業共済」は手数料が無料なだけでなく、預けている間に確実に利息がつきます（2018年は1%）。

こう考えると、「iDeCo」で最も恩恵を受けるのは、公務員かもしれません。公務員は給料が高いので節税効果も高く、いつリストラになるかわからないサラリーマンに比べて、60歳まで安定的に勤め続けられるのもその理由のひとつです。

年金を月4割増やす裏ワザがある！

現在の制度では、原則65歳から公的年金が支給されます。**ただし希望すれば60歳からもらい始めることも、70歳まで遅らせることもできます。**65歳より早くもらい始めることを**繰り上げ受給**といいます。ただし、もらえる金額は65歳と同じではなく、もらうのが65歳よりも1ヶ月早まるごとに、その年金額は**0・5％減額**されます。つまり、65歳で月10万円の年金がもらえる人が、60歳からもらい始めるとすると、0・5％×12ヶ月×5年で、30％減ることになります。本来なら死ぬまで月に10万円の年金をもらえる人が、これを60歳からもらい始めると、その額は死ぬまで月7万円になるというわけです。

逆に、65歳より後にもらい始めることを**繰り下げ受給**といいます。こちらは1ヶ月遅くなるごとに年金額が**0・7％ずつ加算**されます。ですから、65歳で月10万円の年金がもらえる人が70歳からもらい始めると、0・7%×12ヶ月×5年で、42%増えることになります。10万円の42%増は、14万2000円。本来なら死ぬまで月に10万円の年金がもらえる人は、これが死ぬまで月14万2000円になる、ということです。

損得の境目はどこにあるか？

本来10万円しかもらえない年金を、14万2000円もらえるとすれば、70歳からもらい始めたほうがおトクなのでしょうか？

この損得は、誰にもわかりません。なぜなら、自分がいつ死ぬかがわからないからです。

ただし、計算上の損益分岐点は出ます。**65歳から年金をもらい始めるのと、70歳から年金をもらい始める場合の損益分岐点は82歳。**82歳以上生きれば、65歳からもらうよりも70歳からもらい始めたほうが、トータルの年金額は多くなります。でも、82歳より前に亡くなると、「65歳からもらっておけばよかった」ということになります。

ちなみに**60歳からもらい始める場合と、65歳からもらい始める場合の損益分岐点は77歳。**これ以上、長生きできる自信がある人は、65歳からもらったほうがいいかもしれません。

年金の振り込みは「総合口座」がトク！

みなさんは、銀行口座をいくつ持っていますか？

第2章でも書きましたが、**口座はたくさんあると休眠口座になりやすく、しかもこれからは「口座管理手数料」をとられるかもしれません。**

なぜなら、お金を預かっても、銀行は運用する先がないので儲からないことに加え、いくつも口座があると、その維持管理にお金がかかるからです。だとしたら、口座はなるべく少なくしておいたほうがいい。そして、口座をまとめるなら、**総合口座**にしてください。

定年が近づいたら総合口座を開設する

総合口座は、生活口座としてお金の出し入れをする普通預金と、定期預金をセットにした口座です。口座を1つにまとめておくと、給料や年金の振り込みなどの「入金」と、保険、税金などの支払いの「出金」が、1つの口座でできるので、お金の流れがわかりやすく管理が楽になります。

総合口座で年金を受け取ると特典がある！

総合口座に定期預金をセットしておくと、思わぬ引き落としで残高がマイナスになった時も、セットの定期預金（公共債を含む）から一時的に「総合口座貸越」という形で、不足分のお金が融資され、残高不足にならずに済むという利点もあります。融資額は定期預金の80～90％以内、融資利率は定期預金金利プラス0・5％なので、すぐにお金を補充すれば、たいした利息ではありません。

総合口座をメイン口座にして、この口座で新たに年金も受け取るようにすると、銀行によっては様々な特典もつけてくれます。たとえば、ゆうちょ銀行では、「年金お受取りキャンペーン」でかんぽの宿の宿泊割引クーポンなどをつけていますので、年金を受け取る前に準備するといいでしょう（2019年3月29日まで）。

「個人年金」に入ってはいけない

「公的年金が不安だから、定年後は個人年金に入ろう」という人がいます。けれど、これから個人年金に入るのは、やめたほうがいいでしょう。

個人年金には、大きく2つのタイプがあります。「月々〇万円払えば、将来〇万円もらえます」という、あらかじめ将来もらえる額が決まっているオーソドックスなタイプ。そして**変額個人年金**といって運用次第でもらえる金額が変わるタイプです。

たとえば「40歳で月2万円ずつ支払えば、65歳から10年間、月5万1500円もらえます」というオーソドックスなタイプに入ったとしましょう。月2万円払って将来5万1500円もらえるならおトクな気がするかもしれません。でも計算してみると、払う額は600万円、もらう額は約618万円と、わずか18万円しか増えていません。それも、もらえるのは25年後なので、貨幣価値がかなり変わっている可能性があります。今、1杯380円の吉野家の牛丼が、25年後に1000円になっていたとすると、年金はそれほど増えていないのですから、トクだとはいえません。

つまり、**オーソドックスなタイプの個人年金は、「時間」というリスクを抱えているということです。**ですからほとんど増えないならば、わざわざ入る必要はありません。

ちなみになぜ増えないのかといえば、先述した通り、運用利回りが低すぎるからです。

ただ、昔から個人年金に加入している人は、そのまま入り続けたほうがいいかもしれません。1994年以前の加入なら運用利回りは5・5%、95年3月までは4・75%、96年3月までなら3・75%とかなり高いので、この先もずっと加入していれば大きく増えていくからです。

「変額個人年金」はトクか損か？

オーソドックスなタイプの個人年金はほとんど増えないので、これから入る必要はありませんが、では、運用次第でもらえる金額が増える可能性のある「変額個人年金」はどうでしょうか。

変額個人年金は、集めたお金を、株や債券などで運用していく商品。運用次第で大きく増える可能性もあります。しかし、逆に目減りしてしまう可能性もあります。

こう書くと、「だったら、チャンスはフィフティー・フィフティーね」と思うかもしれませんが大間違い！　実は減る可能性のほうが大きいのです。なぜなら、「変額個人年金」は、手数料が高いからです。

たとえば、郵便局で販売している某変額年金保険の場合、加入する時点で契約時費用として4％の手数料を支払います。ですから、1000万円預けたら運用は960万円でスタートするというわけです。さらに加入し続けている間は、積立金に対して保険関係費用が年1・4725％、運用関係費用が年0・486％、純保険料が年1％引かれます。この3つを合計するだけでも、保険運用中に約3％が手数料として引かれるわけです。

これだけの手数料を払いながら年金を増やしていくなら、年5％以上の利益をコンスタントに上げられる運用をしてもらわなくては、物価の上昇についていけません。

保険より現金を貯めなさい

では、もしこの「変額個人年金」に1000万円を預け、運用した結果、増えもせず減りもしない状況が25年続いたら、どうなるでしょう。

損もせず、トクもしないのだから、1000万円は1000万円のままだろうと思いがちですがとんでもない。加入する時の40万円とは別に、毎年約3％の手数料が引かれ続けるのですから、預けた1000万円は、25年後になんと半額の500万円を切っています。

しかも保険ですから、途中で解約すると時期によっては高い解約手数料をとられます。

また、運用が悪化すると、損が永遠に固定される可能性もあります。

このように「変額個人年金」は、相場次第で増える可能性もありますが、高い手数料を考えると減るリスクのほうが大きいといえます。安心な老後を得るために入る年金が、もし目減りしてしまったら、逆に老後の不安が増えるのではないでしょうか。

長生きした時に頼りになるのは「現金」です。ですから**元気で長生きするつもりなら、今のうちに保険よりも現金を、しっかり貯めたほうがいいでしょう。**

「企業年金」のもらい忘れに気をつける

かつて「**消えた年金**」問題が、大騒ぎになったことがありましたが、実は「**もらい損ねている年金**」も、かなりの数、存在します。

この「もらい損ねの年金」は、公的年金ではなく**企業年金**。企業が独自に公的年金に上乗せしている年金で、10年間支払わなければもらえない公的年金と違って、働いている会社に企業年金があれば、たとえ1ヶ月しか加入していなくても、一生涯もらえます。

なんと約150万人が年金をもらい忘れている！

今、この企業年金のもらい忘れが、約150万人いるといわれていますから驚きです。

なぜ、もらい忘れが起きるのかといえば、最も多く考えられるのは、結婚までの腰掛け

こんなに年金のもらい忘れがある

厚生年金基金

(単位：万人)

	平成22年度末	平成23年度末	平成24年度末
未請求数	13.6万人	13.6万人	13.7万人
受給者数	288.9万人	298.7万人	304.3万人
受給権者数に対する割合	4.5%	4.4%	4.3%

「受給権者数に対する割合」は、「未請求数」÷「未請求数＋受給者数」としている。

企業年金連合会

(単位：万人)

	平成22年度末	平成23年度末	平成24年度末
未請求数	142万人	137万人	133万人
受給権者数	690万人	759万人	826万人
受給権者数に対する割合	20.6%	18.1%	16.1%

※厚生労働省資料より

のつもりで厚生年金基金のある企業に勤めた後、同じ会社の社員と結婚すると同時に会社を退社したというケースです。

厚生年金基金は、60歳になってはじめて支給されますが、**かつて自分が勤めた会社に厚生年金基金があり、自分も加入していたという事実を少なくない人が忘れている**のだと思います。あるいは結婚をして名字が変わると、企業年金側も本人の特定が難しくなるので、本人が申し出ない限り、持ち主を調べようがなくなります。10年未満など短期の加入者や、厚生年金基金自体が解散している場合には、積み立てた企業年金が企業年金連合会に移管されるのですが、これを知らないと請求できず、放置される

企業年金のもらい忘れをチェックしよう

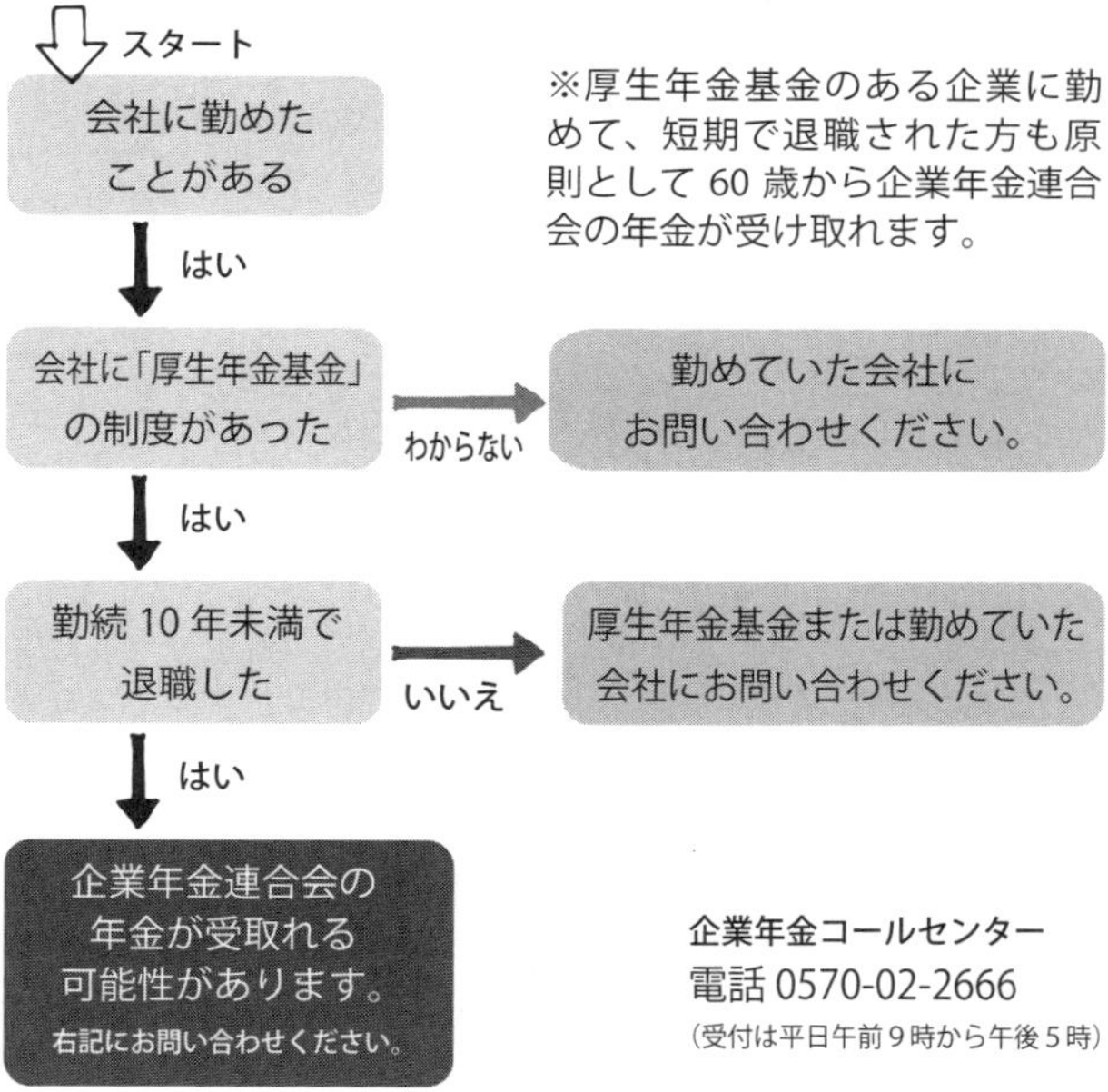

ケースも多いようです。

上のチャートですべて「はい」なら、もらい忘れの可能性アリ。

該当者は企業年金コールセンターに問い合わせてみてください（電話 0570・02・2666。受付は平日午前9時から午後5時）。

「うつ病」にも年金が使える!

公的年金には、将来、年金をもらう**「老齢年金」**の他に、自分が死んだら残された家族の生活を支える**「遺族年金」**、障害を負った時に出る**「障害年金」**があります。

特にこの**「障害年金」は、「目が見えない」「耳が聞こえない」というような外部障害だけでなく、うつ病のような内部障害に対しても、治るまでフォローしてくれます。**

ですから、「どうせ将来、満足な年金がもらえないのだから、もう年金保険料は払わない」などとは言わずに、しっかり年金に加入しておけば、自分が死亡した後に家族が経済面で助けられたり、自分が障害を負った時に助けてもらえるかもしれません。

特にうつ病など精神的な病の場合は、長期の治療が必要となることもありますから、病気による退職後は特に、障害年金が使えると助かります。

年金保険料が払えなくても年金はもらえる

ただ、定年前にフリーになって、収入が少なくなり、年間約20万円の国民年金の保険料が、とてもではないけれど払えないという人もいることでしょう。

そういう人には、**所得に応じた保険料免除制度**があります。

この免除を申請して承認されれば、年金を払っていなくても、将来、通常もらえるはずの「老齢年金」の額の半分くらいはもらうことができます。

なぜなら、年金の半分は税金なので、その分はもらえるというわけです。

この保険料免除の届出ができる人は、仮に一銭も年金保険料を支払わなくても、イザという時「遺族年金」「障害年金」をもらうことが可能です。これによって残された家族の生活費や、自分が病気やケガで働けなくなった時などにも保障が受けられることもあり、退職者の強い味方になってくれます。

保険料免除の４つのケース

	単身世帯	二人世帯（夫婦のみ）	四人世帯（夫婦と子ども二人）
全額免除	57 万円（122 万円）	92 万円（157 万円）	162 万円（257 万円）
3/4 免除	93 万円（158 万円）	142 万円（229 万円）	230 万円（354 万円）
半額免除	141 万円（227 万円）	195 万円（304 万円）	282 万円（420 万円）
1/4 免除	189 万円（296 万円）	247 万円（376 万円）	335 万円（486 万円）

※カッコ内は年収

免除には４段階あって、上の図のようになっています。

免除制度が使えるかどうかは、年金ダイヤル（０５７０・０５・１１６５または０３・６７００・１１６５）で聞いてみましょう。その他、失業による免除もあるので、支払いが大変だったら社会保険事務所や自治体の健康保険課にも相談するといいかもしれません。

また、65歳になると「障害年金」か「老齢年金」かを選ぶことになりますが、その際も、どちらがトクかを相談するといいでしょう。

自分と親の医療費を合算する

医療費が個人で10万円を超えていないと確定申告できないと思っている方もいますが、実は医療費を〝貯める〟コツがあります。その1つが**医療費の家族合算**です。医療費控除では、ひとり暮らしの学生や単身赴任の夫、別の家で暮らしている親に仕送りしているなどの場合には、生計が同じ家族とみなされ、医療費を合算できます。しかも夫婦で働いていたり、娘や息子が働いてそれぞれ税金を納めている場合には、医療費の家族合算をする人の中で最も税率の高い人が代表して確定申告を行えば、税金がより多く戻ってきます。

払いすぎの税金は5年前にさかのぼって返してもらえる

親が人間ドックに入ったり、病気予防のための検査をしたりする場合、異常が見つからなければ費用は医療費に含まれません。しかし、**もし病気が見つかって治療が始まると、ここからさかのぼって人間ドックの料金や検査料は医療費とみなされ、医療費控除の対象になります**。また、子どもの歯列矯正（成長を阻害する可能性があるため）や、大人でもこれを医師が「機能的に問題がある」と診断すれば、これも医療費に含められます。

確定申告は3月15日までですが、サラリーマンの場合は還付申告になるので、期限が過ぎても確定申告すれば税金が戻ります。ただし、自営業者のような税金を納める納付申告の方は、期限を過ぎると延滞税などがかかりますから注意しましょう。

ちなみに、**払いすぎの税金は5年以内なら確定申告で取り戻すことができる**ので、「そういえば3年前に大病した！」などという人は、しっかりチェックしてみましょう。

離れて住む親の医療費の一部を、仕送りとして支払っているご家庭も、多いかと思います。もしみなさんがこのケースなら、1年間にかかった医療費が、親と合算して10万円を超えた場合は、医療費控除を使って払いすぎの税金を返金してもらえます（総所得が200万円未満の人は、所得の5％以上が対象）。

定年後は遠く離れていても、家族で助け合い、かしこく減税したいですね。

第5章

定年前後「生活」の裏ワザ

働かない子どもは追い出しなさい

「働かざるもの、食うべからず」といいますが、当然と思われてきたこんな常識が、今の日本では崩れ始めています。

文部科学省の平成29年度「学校基本調査」では、大学を卒業しても進学も就職もしない、いわゆる「**ニート**」が4万4182人、大卒者の7・8%もいるのだそうです。しかも大学を卒業して一時的に仕事に就いたけれど辞めた、という人も合わせるとこれは9・4%で、**なんと大卒者の11人に1人が、親の細いすねをかじっている**ということです。

ちなみに大学院の修士課程を修了した人で、進学も就職もしていない人の割合は9・5%。**大学院博士課程を修了した人で進学も就職もしていない人の割合は18・8%**というのですから、これでは、親も高い学費を払って高い学歴をつけさせた甲斐がないというものです。

「中年ニート」は老後の不良債権！

もちろん、子どもに何かしらの障害があって、進学も就職もできずに親元にいるというなら、病状が回復するまで、親はしっかり愛情を持って面倒をみてあげなくてはいけません。けれど、そうでないなら、働かせることを考えましょう。

ここでいう「**ニート」とは、15歳から34歳までの働いていない若者のこと**。35歳から50歳までは「**中年ニート**」と呼ばれますが、なんと今、「**中年ニート」は120万人もいる**のだそうです。

彼らはバブル崩壊とともに就職氷河期に直面し、就職できずに「ニート」のまま高齢化していたり、会社勤めをしてみたものの、合わずに辞めてそのまま再就職しないなど、ケースは色々あるようです。

「ニート」に比べて、「ニート」になって久しい「中年ニート」の場合には、長い間、世の中と接触しない暮らしをしてきたため、社会への適応能力が弱く、キャリアもないため、年齢が上がれば上がるほど、ますます就職が難しい状況になっています。

親元にいるなら家にお金を入れさせる

子どもに稼ぐ力がないと、定年後は大変なことになるかもしれません。

今の定年世代は団塊世代に比べると、退職金も年金も少なく、自分たちが老後を暮らしていくので精一杯という家庭も多くなってきています。ただそれでも夫婦2人なら、年金とこれまでの蓄えでなんとか暮らしていけるかもしれません。でも中年になった子どもまで食べさせていくとなると、そんな余力などないというご家庭が大部分だと思います。

では、子どもを「ニート」にしないためには、どうすればいいのでしょうか。

一番いいのは、親から独立させてひとり暮らしをさせることですが、ただ、いきなりは難しいかもしれません。そこでそんな時は、**親元にいるなら、せめて月々決まったお金をとることです。**5万円でも10万円でもいい。きちんと払ってもらってください。そしてここでは「払えないなら出て行きなさい」という厳しい対応が必要です。

そうすれば、就職は無理でも、「ニート」から「フリーター」になることはできるかもしれません。

子どもには「金」より「稼ぐ力」を残すこと！

子どもが長い人生を生きていくのに大切なのは、「学歴」でも「親の財産」でもありません。自分で「稼いで食べていける力」を持つことこそが、子どもには必要なのです。

なぜなら「稼ぐ力」というのは、経済的な豊かさをもたらすだけでなく、自分が生きていくための自信にもつながるからです。自分の力でなんとかやっていけると思ったら、多少困難なことがあっても、逃げずに前向きに取り組む気持ちになれます。そして、どんなに小さなことでも1つ困難を克服するたびに、それが自分の自信の積み重ねになり、人生の好循環が生まれてきます。これが、最終的には子どもの人生を輝くものにしていきます。

子どものためにお金を残すという人がいますが、**わずかばかりのお金を残すよりも、この過酷な社会を生き抜く力を持たせたほうが、将来的に子どもは幸せになります。**

お金は、使ってしまえばなくなりますが、「稼ぐ力」は、使えば使うほど強くなり、子どもの人生を支えてくれることでしょう。

60歳を過ぎたら離婚しない

「熟年離婚」というと、「濡れ落ち葉」という言葉から連想されるように、それまで仕事ばかりしてきて趣味のない夫が、定年後、妻が出かけようとするとついてきて鬱陶しがられ、妻に捨てられるという話ばかりを想像します。

ところが**最近は、定年近くなって、「妻と別れたい」と言い出す夫が増えているのだそうです。**団塊の世代と違って、今の50代の男性は様々な趣味を持ち、身の回りのこともソコソコできる人が多い。だから、それほど多い収入でもないのに、「パートで疲れた」と夫をないがしろにするだけでなく、当たり散らす妻と生涯一緒に暮らすより、残り少なくなった自分の人生を、妻と別れてやり直したいと考える人が少なくないのかもしれません。

2人なら暮らせても別れたら共倒れ!?

たしかに人生は一度だけなので、どう生きようが勝手です。ですから、他人の人生についてとやかく言うつもりはありません。ただ、経済面についていえば、定年後は離婚しないほうが絶対いい！

老後の暮らしを支えるのは年金ですが、年金は離婚しても、双方の合意または裁判手続きを経れば、2人で分けることができます（「合意分割制度」「3号分割制度」）。これは離婚後であっても、離婚した日の翌日から2年以内なら、請求できます。

ただ、分割の対象となるのは、会社員や公務員の基礎年金に上乗せされている、厚生年金部分だけです（平成27年9月30日までの公務員の対象者は、共済年金部分）。基礎年金や企業年金などは、分割の対象とはなりません。これはざっくりしたことをいえば、会社員の夫と専業主婦が離婚したら、2人で20万円の年金を10万円ずつ分けるというイメージです。ただ2人で20万円ならまだしも、10万円でひとり暮らしをするのはかなり大変。それよりは破綻しそうな夫婦関係を修復する努力をしたほうが、幸せかもしれません。

いつか結婚するつもりなら定年までに結婚する

若ければ、勢いで結婚まで突入することができますが、年をとればとるほど臆病になり、一生、一緒にいてもいい相手だとは思いながらも、振られた時の痛手を考えて、プロポーズに腰が引けるカップルは多いようです。

ただ、**結婚したいと思っているなら、グズグズしないほうがいい。経済的に見たら、ひとり暮らしよりも2人で暮らしたほうが、お金がかからないからです。**

「お金の問題じゃないだろう!」と思っている方も多いかもしれませんが、2人以上の世帯の支出は月約28万円。これは、平均3人の家庭なので、1人当たり約9万円、2人で20万円弱の支出です。一方、単身世帯の1ヶ月の支出は約16万円（総務省家計調査2017年）。

つまり、別々にひとり暮らしをするよりも2人で暮らしたほうが、月に約12万円も支出が少なくなるということです。月に12万円も家計の支出が抑えられたら、それなりに楽しい老後が送れるのではないでしょうか。もしも2人で住むなら、仮に、2人とも持ち家だったら、どちらかの家を処分して貯蓄を増やすこともできます。

定年退職者はゆるい飲み友だちからカップルになるケースが多い

早く結婚したほうがいい理由は、もうひとつあります。それは、実際に結婚してみたら「こんな人ではないはずだった」というケースが出てくるからです。パートナー探しは、ダメでもやり直しが利くうちに始めるのがオススメかもしれません。

人生100年といいますが、パートナー探しに前向きになれるのは、（人にもよりますが）**75歳くらいまでではないでしょうか。**「75歳の壁」という言葉がありますが、75歳を過ぎると気力も体力も落ちてきます。ですから、その前に行動あるのみ！

最近は、いくつかの協賛店を飲み歩きながら相手を見つける「街コン」が人気で、熟年が参加できる「**シニアコン**」もさかんなようです。以前、主催者の方に聞いたら、シニアはゆるい飲み友達からゴールインする人が多いのだとか。また意外に多いのが「同級生カップル」。昔の共通の思い出があるので、心が寄り添いやすくなるそうです。

子どもを親の養子にするのも手

親の死後、多額の相続税が心配だという人は、早いうちから相続税対策を始めたほうがいいでしょう。

最もオーソドックスなのは、親に頼んで自分や子どもに、1人年間110万円ずつ贈与してもらうという方法です。みなさんに兄弟が3人、子どもが合計7人いたとしたら、これだけで年間1100万円の贈与を親から受けられ、それを10年続けたら、1億1000万円の財産を親から移行することができます。これが節税につながります。

ただし、毎年同じ時期に機械的に10年間贈与してもらい続けると、これは1100万円を10回に分割してもらったと見なされ、1100万円に贈与税がかかる可能性があります。

また、このとき、親が勝手にみなさんにあげるというのではなく、みなさんがほしいという意思を持っていなくてはいけないことも、注意するようにしてください。

株なら低い価格を選べる

価格の上昇がありそうな株や不動産も、価格が上がる前に早めに贈与してもらい、節税するという方法もあります。ちなみに**不動産は、相場の7〜8割の評価で贈与が可能**。一方株は、贈与日の最終株価、贈与月の終値の月平均、贈与する1ヶ月前の終値の平均、贈与する2ヶ月前の終値の平均から、最も低い価格を選んで贈与を受けることが可能です。

法定相続人が増えるとメリットも

それでも相続税が大変だというなら、みなさんの子どもを親の養子にして、基礎控除をさらに600万円増やすという方法もあります。**ただし、みなさんが実の子ならば、法定相続人として計算できる養子は1人までです。**

基礎控除が増えると、相続税の税率そのものが下がる可能性がありますし、生命保険の非課税枠の500万円を使って、死亡保険金や死亡退職金を受け取れる人も増えます。

「宝くじ」を買ってはいけない

「あわよくば」という淡い夢を託して、「宝くじ」を買い続けているという人は多いようで、ジャンボ宝くじ売り場の前には行列ができることがよくあります。

ただ、「宝くじ」というのは、ギャンブルとして考えると、還元率はそれほど良くありません。**「宝くじ公式サイト」を見ると、「宝くじ」の売上金のうち、当選金として支払われるのはたった46・8％！** つまり収益の半分以上は、賞金以外のものに使われているわけです。

ギャンブルの還元率とは？

ギャンブルの還元率を見ると、オートレースが70％、競輪、ボートレースが75％、競馬

宝くじの売上金額の使われ方

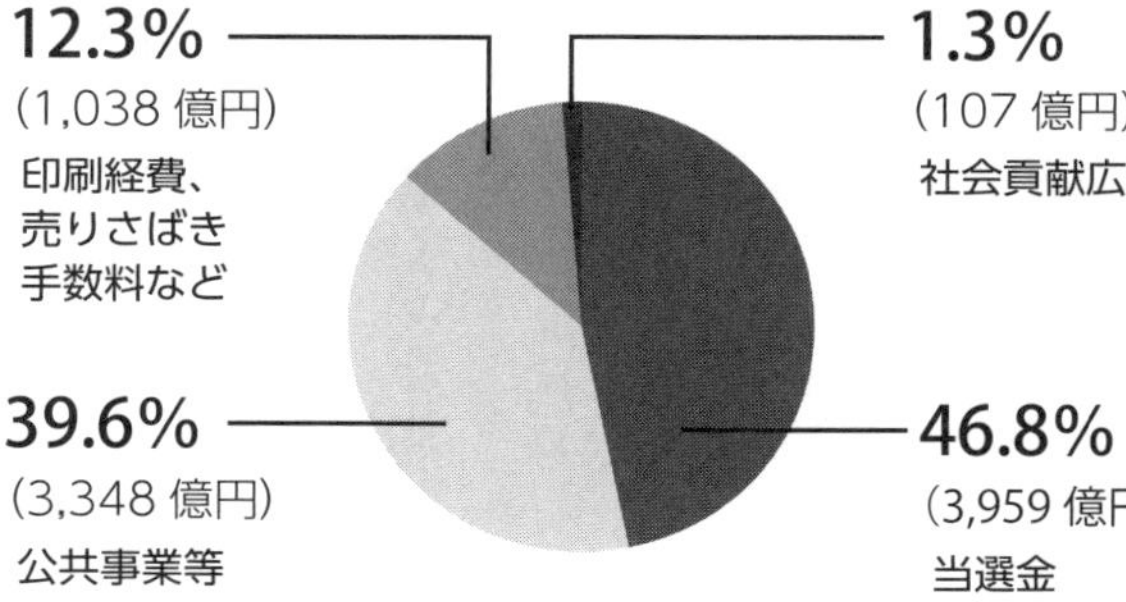

販売実績額　8,452 億円（平成 28 年度）

※宝くじ公式サイトより

が70〜80%。さらに還元率が高いのはパチンコ・パチスロの80〜85%、**オンラインカジノの93〜98%**です。

なぜ、こんなにオンラインカジノの還元率が高いのかといえば、オンラインなので設備投資も人件費も必要ないからです。オンラインカジノでは、ルールがシンプルな「バカラ」や「スロットマシーン」が最も人気で、バカラの還元率は98%以上になっています。

日本もこれからリアル・カジノをスタートさせるようですが、これはオンラインカジノと違って、施設代や人件費などがかかるので、その分、還元率は悪くなります。

今、オンラインカジノは、世界的に大人気になっていますが、その分、リアル・カジノは衰退しつつあり、先述した通り、アトランティック・シティーの「トランプ・タージマハル」も閉鎖されました。ですから定年後に「カジノでひと儲け」というのは、きっと難しいと思われます。

と、色々書いてきましたが、ただ**定年後は、還元率の良し悪しにかかわらず、ギャンブルは慎んだほうがいいでしょう。**大切な現金をこんなところに使っていては、貯まるものも貯まりません。

電気代は「アンペア引き下げ」で節約する

定年になって家族が少なくなったとしても、「**電気代が高い！**」とお嘆きのご家庭は多いようです。電気代は自由化などで少し下がったものの、原油などエネルギー価格の上昇で、ここ数年は上がっています。特に2018年は、殺人的な猛暑となり、クーラーなしでは過ごせない状況でした。

電気代はその後も、イランへの経済制裁や中東の不安定な状況の中、原油などの輸入価格が引き続き上昇し、依然として高値が続いています。

アンペアを下げれば「基本料金」が下げられる

電気代の上昇には、まずは節電で対抗しましょう。**電気代が1割上がるなら、使用料を**

1割減らせば、値上がりに対抗できます。

ただ、節電する気持ちはあっても、今まで目一杯電気を使ってきた人は、ついつい使いすぎの習慣がやめられないかもしれません。そういう人は**思い切って、今使っている電気のアンペアを下げてはどうでしょうか。**

みなさんは、家庭に届けられる「電気ご使用量のお知らせ（請求書）」を見ていますか？今、家庭の電気の契約で最も多いのが「従量電灯Ｂ」という契約で、電気の使用状況に応じて、10Ａ（アンペア）、15Ａ、20Ａ、30Ａ、40Ａ、50Ａ、60Ａとなっています。アンペア数によって料金が変わるのですが、「電気ご使用量のお知らせ」を見ると、その月の電気使用量だけでなく、1年前の同じ月の使用量も記載されているので参考になります。

節約を考える時、このアンペアを下げるという方法があります。たとえば東京電力の場合、50Ａを40Ａに下げると、基本料金だけで３００円近く下がります。ただ、50Ａの時には同時に使えていた電子レンジとホットプレートとドライヤーは、40Ａになると使用量オーバーでブレーカーが落ち、電気製品すべてが止まってしまうので、工夫して使うようにしてください。

「ポイントカード」のポイントは貯めてはいけない

みんなが好きな、**ポイントカード**。

「ポイント貯金」という言葉もあって、貯金感覚でポイントを貯めている人も多いようです。ただ、多くのカードポイントには**有効期限**があります。そしてこの有効期限はカードによって異なります。

たとえば中でも多いのが、「最後に買い物した日から1年以上買い物していなければポイントが消滅する」というものです。せっかく貯めたポイントが消滅してしまっては、がっかりですよね。そこでポイントをムダにしない方法を考えてみましょう。

①ポイントは貯めずに次の買い物に使う

これが最もポイントをムダにしないシンプルな方法です。

②買い物する店を決めてそこでしかポイントを貯めない

今はあらゆる店が、無料でポイントカードを出しています。ですから、気がついたら山のようにカードがあるという状況になりかねません。

けれど、色々な店のカードポイントには、相互交換できる機能があるものが少ないので、結局はポイントが分散し、そのうち消滅することが少なくありません。

ちなみに、ポイント還元率が高い電気製品などは、大手ならそれほど価格差がありません。そこであらかじめ店を絞り込み、どうせ買うなら決まった店でカードを使う頻度を上げて、ポイントを増やしたほうがいいでしょう。

③ポイントが貯まったら有効期限がない「全国百貨店共通商品券」に換える

「全国百貨店共通商品券」は、額面が1000円の百貨店での買い物券で、嬉しいのは1000円札を出す時のようにお釣りがもらえることです。たとえば、この券を出して1000円のものを買うと、現金で900円のお釣りがもらえます。ポイントが消滅してしまう前にこの商品券に交換するというのも一案です。

「ドラッグストアのレシート」をためておく

確定申告で「そういえば、昨年は入院や通院でお金がかかったから、確定申告の**医療費控除**で払いすぎの税金を取り戻そう」という方は多いのではないかと思います。

医療費控除は、1年間に使った医療費が10万円を超えると、超えた分の税金が戻ってくるというものです（総所得が200万円未満の場合は総所得金額の5％）。

ちなみに**医療費控除の医療費は、第4章でもご紹介した通り、家族合算ができます。**

たとえば、おじいちゃんの年間医療費が5万円、おばあちゃんが5万円、あなたが2万円、奥さんが8万円、子どもたちが10万円の、計30万円の医療費がかかったとします。この場合、10万円を超える部分、つまり20万円を医療費控除で確定申告すると、20万円の10%、2万円が戻ってきます（所得税率10％の場合）。

家族合算は、一緒に住んでいる家族はもちろん、**ひとり暮らしの学生や単身赴任の夫、あるいは別の家で暮らしている親世帯に仕送りしている場合なども、生計が同じ家族とみなされるため合算できます。**定年前の共働き夫婦でそれぞれ税金を納めていたとしても、医療費は合算できるので、税率の高いほうが申告すれば超えた分が戻ってきます。

「医療費控除」か「セルフメディケーション税制」か？

中告できる医療費は、基本的には10万円以上。そしてこの医療費には、市販の風邪薬や胃薬なども含められます。

ちなみにこれとは別に、2017年1月から「**セルフメディケーション税制**」が始まりました。これは「**スイッチOTC**」と呼ばれる市販薬について、購入額が1年で1万2000円を超えたら、超えた分を確定申告すれば、税金が戻るという制度です。

「スイッチOTC」の薬を買うと、レシートに★印などがついています。ですから、この税制を使うなら、念のためすべての医療費や薬のレシートを保管するといいでしょう。

ちなみに、「セルフメディケーション税制」を選ぶと、従来の「医療費控除」は受けられません。ですから、とりあえず薬局でもらったレシートはすべて取っておいて、**確定申告する前に、「セルフメディケーション税制」で確定申告するか、「通常の医療費控除」で申告するか、どちらがトクかを比べてみましょう。**

「火災保険」を120％使いこなす

２０１８年は「**火災保険**」の保険料が、９年ぶりに平均３・５％の値上げになりました。ただしデータを見ると、ここ数年、火災の件数は減っています。それなのに、なぜ「火災保険」の保険料が値上がりするのでしょうか？

実は「火災保険」は火事だけでなく、台風などの風災、ゲリラ豪雨などの水害、大雪、ひょうなどの自然災害にも対応する保険だからです。２０１８年はこれらの災害に対する支払いが増えたので、「火災保険」の保険料がアップしたのです。

ちなみにこの先も、「火災保険」の保険料は確実に上がります。なぜなら、２０１８年に値上がりした「火災保険」の保険料は、２０１８年より前に起きた自然災害をベースに計算されているからです。

２０１８年も、立て続けに大きな災害が起きました。主だったところでも、大阪や北海道の地震、西日本の集中豪雨、台風21号による被害などがあり、こうした損害を加味して保険料が計算されると、またまた保険料はアップすることになるはずです。

落雷、風災、ひょう災、雪災は火災保険で補償

ただ、先述した通り、「火災保険」は、火災のみならず、多くの災害の補償をしてくれるものなので、いざというとき、非常に役に立ってくれます。ぜひ補償内容をよく読んで、１２０％活用するようにしてください。

ちなみに**「火災保険」は、最近、様々なタイプのものが出ていますが、基本的には「住宅火災保険」と「住宅総合保険」の2つがあります。**

「住宅火災保険」には、火災の補償の他に、落雷、ガス爆発などの破裂・爆発の補償、さらには風災、ひょう災、雪災の補償（一部自己負担額がある場合もあります）がついています。

「住宅総合保険」は、さらに手厚い補償がついています。

たとえば水災（一部自己負担額がある場合もあります）、車に当て逃げされて塀の一部が壊れたなどといった被害、飛行機の墜落で受けた被害、何者かの投石で住まいのガラスが破損した場合の被害、給排水設備の事故などによる水漏れ被害、家のそばでデモなどがあった時、機動隊ともみ合いになって家が壊れたなどの暴行・破壊被害、さらには盗難の被害など、幅広い被害に対して補償してくれます。

ですから、**台風の強い風で家の屋根が飛ばされたり、台風で浸水したというような時は、まず、自分が加入している「火災保険」に、こうした災害に対応する補償がついていないか見てみましょう。**

自分で選べば「火災保険」は安くなる

ひと昔前まで「火災保険」は、「住宅火災保険」と「住宅総合保険」という2つの商品しかありませんでした。ついている補償もすべてセットで、現状に合わなくても外すということができませんでした。けれど、最近は色々なタイプの商品が出ています。

たとえば**セゾン自動車火災保険の「じぶんでえらべる火災保険」**は、基本補償として**「火災」「落雷」「破裂・爆発」の3つの補償がついていますが、その他は、必要な補償を自分でインターネットで選べるようになっています。**

マンションに住んでいる人は、床上浸水したり、風で屋根が飛ばされたり、雪が積もって屋根が壊れるなどの被害は想定しにくいでしょう。つまり、これらの補償は必要ない。でも上の階からの水漏れの心配はある。そうだとしたら、基本補償に水漏れ補償だけをつけておこうという選択ができるのです。

補償を増やすほどに保険料はその分アップしますが、必要な補償だけをつけることができるので、ムダを省いて節約したいという人に、これは向いているかもしれません。

被災地域にやってくる「修繕詐欺」にご用心！

最近、「火災保険」が自然災害にも対応できるということが、多くの人に知られてきたのはいいのですが、これを逆手にとった**「保険金修繕詐欺」**が横行しています。

手口はこうです。まずは災害などで被害を受けたお宅に、電話や訪問で「火災保険に入っていれば、自己負担なしで修理できますよ」と話を持ちかけます。しかも「面倒な保険金請求の手続きなどは、すべて私どもでしますから大丈夫」「この際、古くなった屋根も保険で直しましょう」などと勧誘して、工事の請負額を高くします。その上で、見積書や図面を持ってきて修繕の請負契約をさせます。

さらには、「保険をたくさん出してもらえるような請求をする」と言って「請求手続き代行契約」や「申請サポート契約」を結ばせます。けれど、これらはすべて保険の加入者からお金を騙しとるための手口です。

こうした詐欺に引っかからないためには、加入している保険の代理店に必ず問い合わせをすることです。そうすれば代理店が、きちんと対応してくれます。

「タバコ」をやめる

２０１８年10月から、タバコが値上がりしました。

タバコがやめられないという人は、この先どれくらいの金額を煙にしてしまうのかを考えると、「禁煙しようかな」という気持ちになるかもしれません。

試しに１日１箱５００円の「セブンスター」を吸った場合で計算してみましょう。

１日１箱吸った場合、１年間に使うタバコ代は、５００円×３６５日＝18万２５００円。５年で91万２５００円。10年で１８２万５０００円。20年で３６５万円、30年では５４７万５０００円になります。

この先、30年間、1日1箱のタバコを吸い続けると、なんと約550万円を煙にしてしまうというわけです。ただ、タバコの値段は、今後まだまだ値上がりしていきそうです。

そうなると、あるいは30年間で１０００万円近い金額を煙にしてしまうかもしれません！

海外でタバコを買うと驚くのですが、タバコのパッケージの前面に、肺がんで死にそうな人の肺の中などグロテスクな写真が刷られています。これがかなり恐ろしいので、これを見ると「やっぱりやめよう」と思う人は多いかもしれませんね。

禁煙に助成金を出す自治体が増えている！

最近は、**「禁煙外来」で禁煙にチャレンジする人を対象に、治療費を助成する動きが出てきています。**たとえば東京都荒川区では、禁煙外来治療を希望する在住者100人を対象に、上限1万円を助成しています。東京都品川区、中央区、大阪府吹田市でも同様の助成を行っていて、この動きは全国に広がりつつあります。千葉県千葉市でも受動喫煙による妊婦と子どもへの健康被害を重くみて、同居する喫煙者の禁煙外来治療費を一部助成しています。さらに厚生労働省では、分煙に取り組む事業者を支援する「受動喫煙防止対策助成金制度」で、喫煙室の設置などを進める中小企業の事業主を応援しています。助成額は、かかった費用の2分の1で、上限100万円。こうした動きは、ますます広がりそうなので、やめたい人はチェックしましょう。

「タンス預金」をやめる

先日、「遺品整理」会社の社長にお会いし、驚くような話を聞きました。

この会社では、年間100件近い孤独死現場の「遺品整理」を手がけているそうですが、**年間総額で億単位のお金が、「遺品整理」で出てくる**そうです。

新聞を見ていると、群馬県の廃棄物処理会社の敷地で現金4200万円が見つかったとか、奈良県のゴミ処理場で2000万円見つかったなどの記事も頻繁に出てきます。でもこれはバブルの頃のような「ヤバいお金」というよりも、持ち主が死亡してゴミとして出された「タンス預金」のように思います。

孤独死増加で行方不明になるタンス預金も

誰にも見とられない孤独死は、ここ何年も増え続けているようです。２０１６年のデータでは、孤独死は東京都だけで４２８７人。死亡者全体の５・５８％を占めていました。ちなみに東京都と19県で発生した孤独死の件数は１万７０００件。この数字をもとに全国推計すると、なんと年間４万７０００人の人が孤独死していることがわかります。このうち7割は男性。特に65歳から69歳の男性が多いのですが、最近では未婚や離婚した40代から50代の男性も増えているということです。そうなると、タンス預金はますます増える可能性があります。

タンス預金は、自分の死後にゴミと一緒に捨てられてしまう可能性があるだけでなく、詐欺に遭いやすいという欠点もあります（オレオレ詐欺の件数はいまだ増えています）。

すでに半数以上の金融機関では、高齢者が大金を一度に引き出せないようにしていますが、タンス預金には、その歯止めが利きません。ですから利息は少ないですが、銀行はタダの金庫だと思って定年後は銀行にお金を預けるようにしてください。

「ふるさと納税」をおトクに使う

最近、「ふるさと納税」が変わってきています。

寄付金集めのための〝返礼品競争〟が過熱したために、政府は、返礼の品はふるさと納税額の3割までという目安をつくり、これを徹底させようとしています。

そんな中、モノだけではなく、様々なサービスを提供するところも出てきました。

①お墓参り代行サービス

お墓参りができない人のために、山口県周南市では、3万円のふるさと納税で、市内にあるお墓のお参りを代行してくれます。お墓をきれいに清掃し、お花やお線香を供え、その様子を写真に撮って報告します。同様の返礼は、北海道石狩市や岡山県笠岡市などにもあります。

②高齢者の見守りサービス

故郷に暮らす高齢者が心配な方に、茨城県石岡市では、郵便局の「みまもり訪問サービス」が返礼品として選べます。毎月1回、郵便局員が高齢者宅を訪問して、様子を報告します。ふるさと納税6万円で、6ヶ月間、見守ってもらえます。

また、兵庫県加古川市では、見守りを兼ねたゴミ出し代行サービスがあります。ふるさと納税1万円で15回分。顔を合わせてゴミを預かり、応答がない場合などは報告してくれるそうです。

③空き家の管理

空き家になった実家は、こまめに管理できないのが実情でしょう。

そこで栃木県那須町では、ふるさと納税1万円で、空き家の外観の確認と郵便物のチェックを行うサービスをしています。外観からの管理は、岩手県盛岡市や岐阜県各務原市など多くの自治体でも提供しています。ただ、建物内に入って空気の入れ替えや水道の通水まで行うところは少数です。愛媛県東温市では、ふるさと納税3万円で2回、建物内外の管理をしてもらえます。

被災地に寄付できる

ふるさと納税の本来の目的は、自治体への寄付です。

実は、最近、豪雨や地震などで被災した自治体への寄付を、ふるさと納税で行うというプロジェクトも立ち上げられています。被災した自治体の代わりに、寄付の代行を受けつける自治体なども増えてきていて、支援の輪が広がっています。

このようにふるさと納税には、様々なサービス、支援があります。定年して時間ができたらこうした制度もおトクに利用しつつ、社会貢献するのも楽しいものです。まだ試したことがない人は、一度チェックしてみてください。

持たずに「共有《シェア》」で節約する

社会人になったら、車を買って彼女を見つけ、結婚して子どもをつくり、家を買う……。そんな常識が、消滅しつつあります。

彼女や結婚は別として、**車や家などは、「持つ」ものから「共有する」ものに変わりつつあります。**

たとえば「カーシェア」や「シェアハウス」など、モノやサービスを共有（シェア）する「シェアビジネス」が、最近、かなり浸透しました。あのトヨタでさえも、「カーシェア」ビジネスに、本格的に乗り出しています。

こうした流れは、バッグや衣類、おもちゃといった、日常的なものにまで広がりつつあります。

ブランドバッグも「シェア」する時代

たとえば「ラクサス」という、世界中のブランドバッグが使いたい放題というシェアビジネスがあります。このサービスの月額料金は６８００円。現在、会員数は27万人を突破しています。

この会社は２０１７年から、個人のブランドバッグを預かって会員に貸し出す「ラクサスX」というシェアリングサービスも始めています。バッグの所有者がラクサスにバッグを預けると、アプリにラクサス保有のバッグと一緒に掲載され、借り手がつくと所有者には1日約66円支払われるというしくみです。消費者が賢くなり、持つことがステイタスだったブランドバッグも、今は買わなくても安く借りられる時代になっているということです。

ネットの中では働き口もマッチング

こうした「共有社会」を実現させているのは、インターネットの力です。

ネット内には、様々なニーズに応じたプラットフォームができていて、モノだけでなく、仕事や趣味、生き方までシェアリングできるようになりました。

たとえば、「Upwork」という、働きたい人と働いてほしい人を結びつけるクラウドソーシングのサイトでは、現在、世界中の300万人が仕事のやり取りをしています。

こうした中で、インターネットが果たす役割は、ますます大きくなることでしょう。

定年後は、限られた資金の中で、生活していかなければなりません。そんな時、この「シェア」という考え方は、大きな味方になるはずです。

シェアのサービスは、日々新しくなっています。定年後、賢くお金を使うためにも、関心のある方は、こうしたサービスをウォッチいただくといいと思います。

「キャッシュレス」に慣れておく

2018年末、PayPayという、スマホでのキャッシュレス決済をする会社が、「**100億円あげちゃうキャンペーン**」を展開し、家電売り場のレジに、家電を買う人の長い行列ができるという騒動がありました。

これは、PayPayで支払うと、5万円を上限に、買い物額の20%がポイント還元されるというもので、たとえばビックカメラで20万円のテレビを買うと、20%の4万円とビックカメラのポイント8%分、1万6000円の合わせて5万6000円が還元され、20万円のテレビが実質14万4000円で買えることになりました。その結果、ビックカメラには長蛇の列ができ、わずか10日間ほどで「100億円あげちゃうキャンペーン」は100億円に達して終了したというわけです。

なぜPayPayが、こんな大胆なキャンペーンをやったのかといえば、「LINE Pay」や「楽天ペイ」、「Apple Pay」などに比べて、PayPayは後発でほとんど知名度がなかったためです。つまりこれは、思い切ったキャンペーンで知名度を一気に上げ、顧客も加盟店も大量に確保しようというマーケット戦略だったというわけです。

スーパーのレジがATMになる!?

スマホだけでなく、キャッシュカードでも、買い物の決済ができるしくみが広がっています。

2018年4月から、スーパーのレジなどで、自分の預貯金から現金が引き出せる「キャッシュアウトサービス（以下、キャッシュアウト）」が始まっています。これは、銀行やコンビニに行ってお金を下ろしてから支払いをしなくても、スーパーのレジがATM代わりになるというサービスです。

このサービスを最初に導入したのはイオンです。イオンでは、キャッシュアウトが利用できるレジがサービスカウンターにあり、そこで銀行のキャッシュカードを差し出します。

あとは出金額を伝え、自分で暗証番号を打ち込めば、1000円単位で最大3万円までお金が引き出せます。今のところ利用手数料は無料なので、時間帯によっては、銀行やコンビニのATMでお金を引き出すよりも有利に現金を引き出せます。

イオンでは、愛知、大阪、埼玉などをはじめとして、2020年にはこのサービスを400店舗に広げる予定だそうです。これだと、ATMの操作が苦手なシニアでも、店員が対応してくれるので安心だし、買い物ついでにお金も引き出すことができますね。

「現金」を持ち歩かない生活になる

さらに、横浜銀行やゆうちょ銀行、東急電鉄は、スマホ決済サービスの「銀行pay」を利用したキャッシュアウトを開発しています。2019年春から、東急電鉄の駅券売機で、スマホのアプリ画面をかざして現金を引き出すサービスを始める予定だということです。

日本はキャッシュレス化が遅れているといわれます。そこで、現金がなくてもどこでもカードで買い物できることに加え、現金が必要な時には近くの店舗でキャッシュアウトできる環境をつくることで、現金を持ち歩かない習慣を浸透させ、キャッシュレス化を進めたいのだと思います。

でも忘れてはいけない「現金」の重み

「Suica」や「WAON」など、あらかじめ金額をチャージしておけば、その範囲内で買い物ができる電子マネーも普及しています。さらにはこうしたカードがなくても、店のQRコードにスマホをかざせば、それで簡単に支払いができてしまう時代にもなりました。

キャッシュレスだと、小銭を気にせずにスマートに買い物ができますし、ポイントも貯まります。けれどその一方で、現金の重みを感じることが少なくなるので買いすぎるという難点もあります。

買い物をする時に1万円札を出すと、財布の中のお金が減ったという実感を持つ人は多いと思います。けれどキャッシュレスだとその実感がありません。しかも、クレジットカードのように、お金が後払いになるものは、計画的な利用が必要です。

時代は、どんどんキャッシュレスに向かっていて、これは止められない流れです。

でもそれだけに、これからの定年退職者は特に、お金に対してシビアな感覚を持つことが大切です。

キャッシュレスやシェアビジネスなど、新しいサービスを理解して、生活を便利にすることは必要。でもそれとともに、こうした新しいサービスの弊害が自分に及ばぬよう、日々しっかり情報をとり、勉強することも大切です。

定年後は限られた資産の中で、できるだけ豊かに生活したい。そう思うなら、ぜひお金のこと、社会のこと、経済のこと、そのすべてに関心を持ち、色々学んでいただきたいと思います。

著者略歴

荻原 博子（おぎわら　ひろこ）

1954（昭和29）年、長野県生まれ。経済ジャーナリスト。大学卒業後、経済事務所勤務を経てフリーの経済ジャーナリストとして独立。経済の仕組みを生活に根ざした視点から、わかりやすく解説する第一人者として、テレビ、ラジオ、新聞、雑誌など各種メディアで活躍中。近著に『年金だけでも暮らせます』（PHP新書）、『安倍政権は消費税を上げられない』（ベスト新書）、『払ってはいけない』（新潮新書）、『投資バカ』（宝島社新書）などがある。

SB新書　466

役所は教えてくれない 定年前後「お金」の裏ワザ

2019年2月15日　初版第1刷発行
2019年3月10日　初版第4刷発行

著　者　荻原《おぎわら》 博子《ひろこ》

発行者　小川 淳
発行所　SBクリエイティブ株式会社
〒106-0032　東京都港区六本木2-4-5
電話：03-5549-1201（営業部）

装　幀　長坂勇司（Nagasaka design）
本文デザイン　荒井雅美（トモエキコウ）
組　版　アーティザンカンパニー
図版作成　荒井美樹
編集担当　石塚理恵子
印刷・製本　大日本印刷株式会社

落丁本、乱丁本は小社営業部にてお取り替えいたします。定価はカバーに記載されております。本書の内容に関するご質問等は、小社学芸書籍編集部まで必ず書面にてご連絡いただきますようお願いいたします。

ISBN 978-4-7973-9925-7